UNIVERSITÉ DE PARIS
FACULTÉ DES LETTRES

LES
Conceptions pédagogiques de Diderot

THÈSE POUR LE DOCTORAT D'UNIVERSITÉ

Présentée à la Faculté des Lettres de l'Université de Paris

PAR

AVÉDIK MESROBIAN

PARIS
LIBRAIRIE G. MOLOUAN
3, Rue Clotaire, 3

LES

Conceptions pédagogiques de Diderot

UNIVERSITÉ DE PARIS
FACULTÉ DES LETTRES

LES
Conceptions pédagogiques de Diderot

THÈSE POUR LE DOCTORAT D'UNIVERSITÉ

Présentée à la Faculté des Lettres de l'Université de Paris

PAR

AVÉDIK MESROBIAN

PARIS
LIBRAIRIE G. MOLOUAN
3, Rue Clotaire, 3

BIBLIOGRAPHIE

a) **Les textes de Diderot utilisés dans ce travail :**

Œuvres complètes de Diderot, par J. Assezat et M. Tourneux (XX vol. in-8°) ; particulièrement :

Le plan d'une Université pour le Gouvernement de Russie, III.

La réfutation de l'ouvrage d'Helvétius intitulé « De l'Homme », II.

L'Encyclopédie. Les articles de Diderot contenus dans les volumes suivants de ses œuvres : XIII, XIV, XV, XVI, XVII.

Essai sur le Mérite et la Vertu, I.

Pensées philosophiques, I.

Entretien de D'Alembert, Le rêve de D'Alembert, suite de l'Entretien, I.

Interprétation de la Nature, II.

Introduction aux grands principes, II.

Entretien d'un père avec ses enfants, V.

Le père de famille, VII.

Les Salons, X, XI, XII.

Le Neveu de Rameau, V.

Le Supplément au Voyage de Bougainville, I.

Les lettres sur les aveugles et sur les sourds et muets, I.

Ses correspondances avec Falconet, Mlle Volland, etc., XVIII, XIX.

b) **Autres textes :**

Helvétius : *Œuvres* (édition de Londres).

Condorcet : *Œuvres* (édition Arago).

A. Comte : *Œuvres* (Schleicher frères).

J.-J. Rousseau : *Emile* (édition Garnier).

Montaigne : *Essais* (édition Garnier).

Locke : *Pensées sur l'éducation* (édition Hachette).

c) **Principaux ouvrages relatifs à la biographie et aux œuvres de Diderot, consultés et utilisés dans ce travail,**

Asséline (L.) : *Diderot et le XIVe siècle.*

Avézac-Lavigne : *Histoire de Diderot et la Société de Baron d'Holbach.*

Barni (J.) : *Les idées morales et politiques en France au XVIIIe siècle.*

Bersot (E.) : *Etude sur le XVIIIe siècle.*

BRUNETIÈRE : *Etudes critiques. Les « Salons » de Diderot*, t. II.

CARO : *La fin du XVIIIe siècle*, t I.

COLLIGNON : *Diderot, sa vie et ses œuvres.*

COMPAYRÉ : *Histoire critique des doctrines pédagogiques en France.*

DAMIRON : *Mémoire sur Diderot.*

DELVAILLE : *Histoire de l'Idée du progrès.*

DUCROS : *Diderot, l'homme, l'écrivain.*

DUCROS : *Les encyclopédistes.*

FAGUET : *Le XVIIIe siècle.*

HÖFFDING : *Histoire de la philosophie moderne*, t. I.

ISSAURAT : *Diderot pédagogue.*

KEIM (A.) : *Helvétius, sa vie et son œuvre.*

LANSON : *Histoire de la littérature française.*

LITTRÉ : *A. Comte et la philosophie positive.*

PAPILLON : *Histoire de la philosophie dans ses rapports avec le développement des sciences de la nature*, t. II.

PETIT DE JULLEVILLE (L.) : *Histoire de la littérature française*, t. VI.

REINACH (J.) : *Diderot.*

SAINTE-BEUVE : *Lundis*, t. III.

SCHÉRER : *Diderot.*

SÉE : *Les idées politiques de Diderot.*

VILLEMAIN : *La littérature française au XVIIIe siècle*, t. II.

VINET : *Histoire de la litterature française au XVIIIe siècle*, t. II.

UNGER (E.) : *Die Pédagogik Diderot's auf Grund seiner Psychologie und Ethik* (Leipzig).

AVANT-PROPOS

On s'est beaucoup occupé de pédagogie à la veille de la Révolution. Diderot plus qu'aucun autre. Cependant, malgré son importance capitale, la pédagogie de Diderot est restée jusqu'à nos jours presque totalement inconnue. Une des principales raisons de cet oubli, c'est qu'une étude méthodique sur la pédagogie de Diderot n'était pas possible avant 1876-1877, époque ou J. Assézat et M. Tourneux ont publié pour la première fois ses œuvres *complètes*. Cette belle édition nous a permis de mettre en relief les idées pédagogiques de notre philosophe.

C'est M. G. Compayré qui, le premier, en 1879, a fait un exposé rapide de la pédagogie de Diderot dans le second volume de son *Histoire Critique des Doctrines de l'Education en France*. Neuf ans après, en 1888, M. C. Issaurat résumait dans une brochure la conférence qu'il avait faite sur la pédagogie de Diderot. Tout récemment, en 1903, M. E. Unger présentait à l'Université de Leipzig une thèse de doctorat sur le même sujet : *Die Pedagogik Diderot's auf Grund seiner Psychologie und Ethik*.

En outre, il faut mentionner l'étude de Caro sur *La Fin du XVIII*e *siècle*, bien que l'auteur ne parle qu'incidemment des idées pédagogiques de Diderot, à propos de son *Plan d'une Université pour le Gouvernement de Russie*, son principal ouvrage pédagogique. Tels sont, à notre connaissance, tous les essais qui ont paru sur la pédagogie de Diderot depuis l'édition complète et définitive de ses œuvres.

Sans insister sur la valeur de chacun de ces écrits et sur

les critiques qu'on peut en faire, hâtons-nous de dire qu'aucun d'eux ne nous donne un exposé complet des conceptions pédagogiques de Diderot. M. Compayré, étant donné sans doute le cadre très restreint de son étude, se contente d'exposer les vues générales de Diderot concernant la pédagogie, il mêle constamment la critique à l'exposé; il ne laisse point au lecteur d'impression objective. M. Issaurat, au contraire, ne mêle à son exposé que très peu de critiques; il se borne aussi à ne faire connaître à ses lecteurs que les grandes lignes de la pédagogie du philosophe. Tous les deux, du reste, ne nous disent presque rien ni du système psychologique de Diderot, ni de sa morale. Or, il y a un rapport étroit entre la pédagogie de Diderot, sa psychologie et surtout sa morale. Quant à la thèse de M. Unger, malgré ses divisions bien nettes, elle ne nous donne ni un exposé complet des conceptions pédagogiques de Diderot, ni les explications préalables sur les nombreuses difficultés que soulève cette pédagogie. Du reste, M. E. Unger, lui aussi, mêle souvent la critique à l'exposé, quoiqu'il ait reproché à M. Compayré d'avoir agi ainsi.

Mais alors quelle méthode nous faut-il suivre pour éviter tous ces écueils? — Avant de répondre à cette question, il nous faut dire tout d'abord un mot du but même que nous nous sommes proposé dans ce travail. En lisant, dans le IIIe volume des œuvres de Diderot, la notice préliminaire de J. Assézat, — notice qui précède le Plan d'une Université — la phrase suivante a particulièrement attiré notre attention : « Nous n'insistons pas sur l'importance de ce travail (Plan d'une Université); nous engagerons seulement le lecteur à méditer. » (DIDEROT : *Œuvres*, III, 432 p.) En suivant ce conseil, nous nous sommes proposé de mettre un peu mieux en lumière les conceptions pédagogiques de Diderot, d'en chercher, si possible, l'utilité pour la pédagogie moderne, mais « sans nous flatter, comme le disait J. Assézat dans la notice citée plus haut, de l'espoir que le plan de Diderot soit jamais mis à l'exécution ». (III, 432.) Si nous avons choisi, comme sujet de notre thèse, la pédagogie de Diderot plutôt que celle d'un quelqu'autre pédagogue du XVIIIe siècle (1), c'est que, Diderot, philosophe essentiellement systématique en matière d'éducation, a eu au moins le mérite d'avoir posé tout un ensemble de problèmes techniques concernant la philosophie de l'éducation et l'organisation pratique des études. Cela, on ne le trouve guère chez les autres pédagogues de cette époque, pas même chez Rousseau, qui s'est borné presque exclusivement à des spéculations théoriques. Sans doute, Diderot n'a pas résolu tous les problèmes pédagogiques qu'il a soulevés; il a laissé dans l'ombre bien des questions du plus grand intérêt, mais il n'en est pas moins certain que poser ces questions bien nettement, y attacher toute l'importance qui leur convient, c'est rendre à la science de l'éducation un très grand service.

Le but de notre travail étant ainsi indiqué, il nous reste à dire un mot de la méthode que nous y avons suivie. Partant du principe que celui qui se propose de faire connaître la pensée d'un auteur, n'a pas à prévenir le lecteur pour ou contre lui, et que son devoir est, avant tout, de le présenter autant que possible tel qu'il est, et de le livrer au jugement indépendant du lecteur, nous avons estimé nécessaire de laisser de côté, dans la mesure du possible, la méthode usuelle qui mêle constamment la critique à l'exposé. Quand on étudie un auteur, il n'est, du reste, nullement désirable de voir à chaque pas une troisième personne intervenir et nous imposer les lunettes à travers lesquelles elle regarde le monde. Ceci posé, il ne nous reste qu'une méthode à adopter, c'est de suivre pas à pas le fil de la pensée de notre auteur en nous servant souvent de ses propres expressions, car « le meilleur moyen de faire connaître Diderot, c'est,

(1) La pédagogie du XVIIIe siècle nous intéresse particulièrement parce qu'elle est, croyons-nous, un des facteurs les plus puissants de la Révolution.

comme le dit M. Issaurat, avec beaucoup de justesse, de le citer le plus possible ». (ISSAURAT, *Diderot pédagogique*, p. 1.)

Un tel exposé fidèle doit, nous semble-t-il, être précédé de quelques notes biographiques et historiques. Les idées d'un écrivain, en général, sont mieux comprises quand on assiste à leur évolution et cette évolution est déterminée par le caractère de l'auteur et par l'état d'âme de l'époque où il a vécu. C'est précisément dans cette intention que nous avons exposé rapidement, dans la première partie du présent travail, la vie de Diderot et l'esprit général de son temps.

Pour suivre les conceptions pédagogiques de Diderot de plus près encore, nous avons jugé nécessaire d'y garder leurs divisions et même leurs subdivisions, ce qui nous a permis de respecter en même temps l'ordre chronologique de ses idées. Ainsi, nous exposons dans la deuxième partie de ce travail *La Philosophie générale de l'Education*, contenue en grande partie dans la *Réfutation de l'Ouvrage d'Helvétius intitulé De l'Homme*, dans cette « critique vivante », (COMPAYRÉ. Opusc. cité, II, p. 169). qui a été rédigée en 1774, c'est-à-dire deux ans avant la rédaction du *Plan d'une Université*. La seule modification que nous faisons subir à l'ordre des idées théoriques de Diderot, c'est que nous ramassons dans cette deuxième partie toutes les spéculations philosophiques de Diderot concernant l'éducation, ainsi que ses idées psychologiques et morales dispersées un peu partout. Nous avons jugé nécessaire ce petit changement dans l'intérêt même de la doctrine et pour des raisons de clarté.

La philosophie générale de l'éducation, une fois ainsi exposée, nous abordons dans une troisième partie *L'Organisation Pratique* des diverses matières de l'enseignement. Ici, rien ne nous paraît plus légitime que de suivre l'ordre qu'a suivi Diderot dans son Plan et la méthode qu'il y a employée pour traiter les problèmes importants touchant l'enseignement des diverses études.

Après l'exposition fidèle des conceptions pédagogiques de Diderot, il nous semble utile de faire, dans une conclusion finale, une recherche sur l'influence de la doctrine de Diderot dans l'histoire de la pédagogie du XIXe siècle en France. Ceci fait, nous résumerons les conceptions pédagogiques les plus profondes qui lui ont survécu.

Avant de terminer ces indications préliminaires, nous tenons à dire que dans toutes les parties du présent travail, nous envisageons les questions surtout au point de vue pratique. Ce point de vue est spécialement indiqué par le système même de Diderot, qui est, avant tout, un système basé sur l'utilité.

PREMIÈRE PARTIE

Diderot et son Temps

INTRODUCTION A LA Ire PARTIE

Quand on pense que Diderot, d'un bout à l'autre de sa vie, fut le plus brave homme du monde, malgré la « parfaite immoralité » de sa morale, comme le dit J. Reinach, dans son étude sur Diderot, on comprend aisément l'intérêt que présente la parfaite unité de vie de notre philosophe pour l'explication de ses œuvres singulièrement incohérentes (1). Etant donnée cette « inconstance de girouettes » qui caractérise les Langrois en général, dont la tête est sur les épaules, « comme un coq d'église au haut d'un clocher », (XVIII, 376, Lettres à Mlle Volland), il n'est pas malaisé de s'expliquer la mobilité extrême de Diderot, le langrois par excellence, dans tous les domaines spéculatifs. Mais cette mobilité s'accommode fort bien de l'amour du travail et des plus solides vertus. C'est cette vie bien cohérente qui va nous permettre de lever certaines contradictions de sa pédagogie. C'est, d'ailleurs, peut-être de sa biographie que se dégage le mieux le caractère de son génie. Si la biographie de Diderot figure dans notre travail, c'est pour cette double raison.

(1) C'est cette contradiction, entre la vie et les idées de Diderot que met en relief J. H. Meister dans son Opuscule, intitulé « *Aux Mânes de Diderot* », où il dit expressément : « Défenseur passionné du matérialisme, on peut dire qu'il (Diderot) n'en était pas moins *l'idéaliste le plus décidé quant à sa manière de sentir et d'exister, il l'était malgré lui, par l'ascendant invincible de son caractère et de son imagination* ». (DIDEROT : Œuvres : I. p. XIX).

CHAPITRE I

RENSEIGNEMENTS BIOGRAPHIQUES

I. *La jeunesse de Diderot* (*1713-1743*). — Denis Diderot, né le 5 octobre 1713, mort le 30 juillet 1784, a vécu un peu moins de 71 ans. Sa jeunesse malheureusement nous est assez peu connue. Nous savons qu'il est né à Langres, qu'il fut le fils d'un coutelier, « recommandable par son exacte et scrupuleuse justice » (I, p. XXIX, Mémoire biographique de Mme de Vandeul, la fille de Diderot), et dont Diderot a parlé toujours avec attendrissement. Au fait, comme nous dit Diderot lui-même, et sa fille après lui, c'était une bonne race que la sienne, loyale, sobre, dure à la besogne. Il a fait ses études d'abord chez les Jésuites de sa ville, puis à Paris, au collège d'Harcourt. Après une scolarité (1) très agitée, mais remplie de grands succès et couronnée de prix, son père, qui a renoncé à le faire entrer dans les ordres, écrit à un de ses compatriotes, Clément de Ris, procureur à Paris, pour lui demander de le prendre en pension et de lui faire étudier le droit. Diderot y demeura deux ans; mais la charge de procureur lui paraissait trop difficile à remplir *délicatement* (2), et en même temps dénuée de toutes sortes d'attraits pour lui. Aussi, « tout le temps qu'il pouvait dérober à son

(1) Dès l'époque de ses premières études au Collège d'Harcourt se dessine chez Diderot une de ses qualités incontestables, la grande serviabilité, qu'il conservera jusqu'à sa mort. L'histoire amusante du devoir latin que Diderot fit à la place d'un de ses camarades médiocres, nous en donne une preuve. (Voir le Mémoire de Mme de Vandeul.)

(2) « Je suis, écrira Diderot plus tard à Mlle Volland, plus affecté des charmes de la vertu que de la difformité du vice ; je me détourne doucement des méchants, et je vole au devant des bons ». (XVIII, p. 376).

patron était-il employé à apprendre le latin et le grec qu'il croyait ne pas savoir assez, les mathématiques qu'il a toujours aimées avec fureur, l'italien, l'anglais, etc. » (I, p. XXX). Son père, prévenu par Clément de Ris du mauvais emploi qu'il faisait de son temps, charge expressément le procureur « de proposer un état à son fils, de le déterminer à faire un choix prompt, et de l'engager à être médecin, procureur ou avocat ». (*Ibid.*) Pourtant, aucune de ces professions ne lui convient. « Mais, lui dit alors le procureur, que voulez-vous donc être? — Ma foi, rien, répond Diderot, mais rien du tout. J'aime l'étude; je suis fort heureux, fort content; je ne demande pas autre chose. » (*Ibid.*) Alors son père supprime sa pension. Pour ne pas être à charge à Clément de Ris, Diderot sort de sa maison, prend un cabinet garni et ne s'occupe qu'à étendre ses connaissances. Une fois au terme de sa modeste bourse, il écrit plusieurs fois à son père, mais celui-ci reste toujours inexorable (1). Abandonné à lui-même, n'ayant d'autres ressources que des leçons de mathématiques, des traductions pour les libraires et des sermons pour les missionnaires, Diderot a passé « dix ans entiers, tantôt dans la bonne, tantôt la médiocre, pour ne pas dire la mauvaise compagnie, livré au travail, à la douleur, au plaisir, à l'ennui, au besoin; dînant les bons jours à six sous; vêtu, hiver et été, d'une redingote de peluche grise, éreintée par un des côtés, avec la manchette déchirée et des bas de laine noirs recousus par derrière avec du fil blanc ». (I, XXXIII.) Ainsi passèrent les premières années de sa jeunesse. Son caractère a certainement subi l'effet de cette vie de misères et d'amertumes.

C'est ici que se place un curieux trait de la vie de Diderot,

(1) « La mère plus tendre, dit Mme de Vandeul, lui envoyait quelques louis par une servante qui faisait 60 lieues à pied, lui remettait une petite somme de sa mère, y ajoutant, sans en parler, toutes ses épargnes, faisait encore 60 lieues pour retourner ». (I. p. XXXII). Cet acte d'une servante si sensible et si dévouée pour son jeune maître, a touché Diderot le plus profondément.

et qui a pour nous son intérêt. Pour en finir avec ses misères, Diderot se fait précepteur. Un financier, Randon, cherchait un précepteur pour ses enfants. On lui a indiqué Diderot qui demanda, avec le logement et le couvert, quinze cents livres par an. Cette condition acceptée, Diderot s'établit dans la maison de Randon. « Il se levait, dit Mme de Vandeul, et voyait habiller les enfants; *il leur enseignait tout ce qu'il savait* pendant la matinée, dînait avec eux, les promenait ensuite, ne recevait personne, n'allait voir qui que ce fût, soupait avec les marmots, les voyait se coucher et ne les abandonnait pas un seul instant à d'autres soins que les siens. » (*Id.*). Trois mois après, il alla trouver Randon et lui dit : « Je viens, Monsieur, vous prier de chercher une personne qui me remplace; je ne puis rester chez vous plus longtemps. — Mais, Monsieur Diderot, quel sujet de mécontentement avez-vous? Vos appointements sont-ils trop faibles? Je les doublerai, triplerai, etc... Rien ne me coûtera pour vous conserver. — Monsieur, regardez-moi; un citron est moins jaune que mon visage. *Je fais de vos enfants des hommes, mais chaque jour je deviens un enfant avec eux* (1). Je suis mille fois trop bien dans votre maison, mais il faut que j'en sorte; l'objet de mes désirs n'est pas de vivre mieux, mais de ne pas mourir. » (I, XXXIII.) Comme nous venons de le voir, pendant le peu de temps qu'il était précepteur, Diderot a su s'acquitter à merveille de sa tâche, ce qui nous montre déjà les réelles qualités pédagogiques du futur auteur du Plan d'une Université. En même temps, nous voyons qu'il est, dès lors, partisan d'une culture encyclopédique et toute rebelaisienne en quelque sorte. Ce qui lui manque cependant, c'est la patience pour exécuter dans le domaine pratique ce qu'il jugeait nécessaire théoriquement; c'est qu'il est, avant tout, un théoricien de l'éducation et non un éducateur proprement dit. Aussi, le préceptorat

(1) C'est nous qui soulignons.

n'était-il pour lui qu'une servitude qu'il supportait moins encore que la pauvreté. Il n'en a cependant pas moins senti le secret de toute éducation pratique qui consiste, d'après lui, à *devenir enfant avec les enfants pour en faire des hommes*, sentiment éternellement neuf et noble dont nous aurons plus loin à tenir compte.

Une fois sorti de chez Rundon, la détresse retrouve Diderot. Il lui arrive très souvent de rester dans son taudis plusieurs jours sans rien manger. Un peu de pain grillé dans du vin que lui donne une maîtresse d'auberge un certain mardi-gras où il a failli mourir de faim, l'amène à faire des réflexions touchantes qui contribuent à former (1) ou plutôt à développer le fond essentiellement noble de ses sentiments moraux. « Ce jour-là, disait plus tard Diderot, je jurai, si jamais je possédais quelque chose, de ne refuser de ma vie un indigent, de ne point condamner mon semblable à une journée aussi pénible. » Et sa fille ajoute avec beaucoup de raison que « jamais serment ne fut plus souvent et plus religieusement observé ». (I, XXXVII.) (2). Il n'en est pas moins vrai que Diderot a commis dans cette vie de gêne des actes qui n'ont rien d'édifiant (3), mais sa détresse réelle et sa jeunesse pleine d' « espiègleries » excusent bien Diderot, qui fut, durant sa vie entière, un excellent homme, serviable, charitable, généreux, probe et large en affaires. » (FAGUET : *Le XVIII*e *Siècle*, p. 291.)

(1) C'est là un de ces innombrables traits de sa vie dont nous disions qu'ils ont influé beaucoup sur son *caractère*.

(2) Plus tard Diderot écrira à Voltaire : « Ma porte et ma bourse sont ouvertes à toute heure et à tous les malheureux que mon bon destin m'envoie ; qu'ils disposent de mon temps et de mon talent et que je les seconde de mes conseils et de mon argent ; c'est ainsi que je sers la cause commune ». (XIX p. 461).

(3) Comme par exemple le tour qu'il a joué au frère Ange, ami de sa famille auquel il a eu plus d'une fois recours, pour tirer de lui diverses sommes au moyen de promesses fort peu sincères d'entrer dans son ordre. Diderot écrit du reste au frère Ange de se faire payer par son père (I. XXXV).

II. *La maturité de Diderot (1743-1773).* — Telle est la jeunesse de Diderot. Sa mobilité d'esprit se manifeste surtout dans sa maturité; de sorte qu'on peut dire, avec Ducros, qu'il fut « un enfant pendant toute sa vie » (DUCROS : *Diderot*, p. 134), et qu'il a montré « en un jour cent physionomies, selon la chose dont il était affecté ». (*Ibid.*) « La tête d'un Langrois, dit Diderot lui-même, n'est jamais fixe dans un point; et si elle revient à celui qu'elle a quitté, ce n'est pas pour s'y arrêter », et il y ajoute tout de suite : « pour moi, je suis de mon pays. » (XVIII, 376.) Dès lors, il n'est pas étonnant que « le Diderot du soir ne ressemble jamais au Diderot du matin, qu'un rien l'émeuve, mais que rien ne laisse sur lui une impression durable ou profonde. » (DUCROS : *Diderot*, p. 136.)

A travers cette mobilité extrême, il y a cependant deux choses qui ne changent jamais en Diderot : 1° Sa haine pour l'homme injuste et méchant, et 2° Son amour profond pour l'humanité (1). Essayons donc de dégager ces sentiments nobles de notre philosophe dans ses relations avec les siens et avec les hommes en général. Ceci nous amènera à parler de sa vie de famille et de ses œuvres.

Ce fut vers l'an 1741 que Diderot fit la connaissance d'Anne-Toinette, la jeune fille d'une veuve, Mme Champion, qu'il choisit pour sa femme. Tout était dans cette affaire plein de droiture et d'honneur, comme de sincère passion. Diderot a surmonté toutes les difficultés (Voir I, p. XXXVIII) qui l'empêchaient au premier abord de se marier avec cette jeune fille ouvrière, sans tenir assez compte de son esprit et sans chercher en elle une compagne d'intelligence aussi bien que de sympathie. En effet, il était persuadé à ce moment qu' « un homme de lettres sensé peut être l'amant d'une femme qui fait un livre, mais qu'il ne doit être le mari que

(1) « Le proverbe « après moi le déluge » n'a été fait, dit-il, que pour des âmes mesquines et personnelles ». (XVIII, 179. Lettres à Falconet).

de celle qui sait faire une chemise ». On verra bien par la suite que Diderot s'était trompé dans sa conception du mariage. C'est pourquoi il n'a pas aimé sa femme « de tout son cœur », quoiqu'il l'aimât toujours « d'une forte et chaude affection ». (FAGUET : *Le XVIIIe Siècle*, p. 291.)

Diderot, dans son ménage, était beaucoup moins à l'aise que dans sa mansarde de jeune homme. Il dut redoubler d'efforts pour pourvoir à grand'peine aux besoins de sa famille. C'est à cette époque que commence son activité littéraire. A partir de 1743, il traduit nombre d'ouvrages ; mais ces besognes ne lui rapportaient guère. Dans cette vie de gêne, on peut se demander s'il a pu justifier l'épithète de « bon époux et de bon père » qu'il s'est donnée lui-même, ce qui est à remarquer à ce propos, c'est qu'en échange de tant de bontés touchantes (I., XL) de la part de Mme Diderot envers lui, il n'a été qu'un mari médiocre. Celui qui a considéré le mariage comme « un vœu insensé » et qui dit que « l'homme sage frémit à l'idée seule d'un engagement indissoluble » (XV, 195, *Encyclopédie* : article : *Inconstance*), celui-là ne nous surprend pas du tout lorsqu'il fait l'apothéose des passions fortes. L'essentiel pour Diderot, c'est d'aimer toujours éperdûment; tant pis pour la fidélité et la vertu, si l'amour s'y oppose (XIX, 87). Au premier abord, on est très étonné de voir l'homme qui a prêché maintes fois dans sa vie les lois d'une union bien assortie et les devoirs de la paternité, ne pas respecter son propre foyer et rédiger quelques-unes de ses œuvres pour payer une maîtresse (1). Son excuse est que sa femme est bien loin d'être pour lui une compagne d'intelligence. Cela ne l'empêche d'ailleurs point d'avoir été un père excellent; il adora sa fille (2), et s'il

(1) Nous nous contentons de noter ici indirectement les aventures d'amour de Diderot avec Mme Puisieux et autres.

(2) Diderot éducateur de sa fille, nous le verrons plus loin. Disons ici, en passant, que le dévouement paternel a été poussé chez Diderot au plus grand sacrifice jusqu'à vendre pour elle sa bibliothèque, à se séparer ainsi de ses maîtres et de ses auxiliaires assidus, pour lui faire une dot.

s'est donné durant vingt-cinq ans à l'élaboration de l'Encyclopédie, c'est aussi bien pour subvenir aux besoins de son foyer domestique qu'en vue d'étendre les idées des hommes. Aussi, pouvons-nous dire avec J. Assézat que Diderot fut « celui des philosophes du siècle qui cultiva le plus pieusement les relations de père, de fils, de frère et qui sentit et pratiqua le mieux la moralité de la famille. (II, 158.) »

III. *Les Œuvres de Diderot.* — Le noble fond de son caractère se dégage encore d'une façon irrécusable dans ses rapports avec ses semblables et dans ses œuvres où transparaît si vivement son amour pour l'humanité (1). Mais elles ne présentent pas toutes sans exception cet aspect.

Pour les distinguer mieux les unes des autres, il faut les ranger en deux classes : A. Celles qu'il a produites soit sur commande et par conséquent poussé par la nécessité, soit en vue d'étendre les idées des hommes (2); et B. Tous ses autres écrits dont la plupart sont des œuvres de première impulsion (3). En somme, il y a en lui deux écrivains : celui qui a travaillé pour la société; et celui qui a écrit des ouvrages de pure fantaisie (V. P. DE JULLEVILLE : *Hist. de la Litt.*, 12, t. VII, p. 343) dont quelques-uns étaient trop forts pour le temps où ils ont paru, et partant, peu lus, peu goûtés, demeurés obscurs jusqu'au jour où le siècle suivant leur

(1) « On dit : le Siècle de chevalerie ! s'écrie Diderot quelque part. Ah ! si l'on pouvait dire le *siècle de la bienfaisance et de l'humanité* ». (citation de Ducros. V. Les Encyclopédistes, p. 361 et suiv.).

(2) ŒUVRES DE LA CATÉGORIE (A) : 1° *L'Encyclopédie* ; 2° *La Réfutation de l'ouvrage d'Helvétius intitulé De l'Homme* ; 3° *Le Plan d'une Université pour le Gouvernement de Russie* ; 4° *Les lettres à Mme la Princesse de Nassau-Saarbruck, à Mme la Comtesse de Forbach* ; 5° *La plupart des Salons* ; 6° Une bonne partie de ses correspondances à Falconet et à divers autres écrivains contemporains, etc.

(3) ŒUVRES DE LA CATÉGORIE (B) : 1° *Pensées philosophiques* ; 2° *Les promenades des Sceptiques* ; 3° *L'Entretien et le Rêve de D'Alembert et la suite* ; 4° *L'Interprétation de la nature* ; 5° *Les lettres sur les aveugles et sur les sourds-muets* ; (b) 6° *Supplément au voyage de Bougainville* ; 7° *Théâtres* ; 8° *Romans.*

a rendu justice et quelques autres sont dénués de toute importance. Toutes les œuvres de Diderot qui appartiennent à cette seconde catégorie sont composées sous l'inspiration du moment; aussi, l'auteur y a-t-il tenu très peu compte des idées qu'il avait exprimées ailleurs. Quant à celles de la première classe, dans lesquelles il faut ranger en premier lieu l'Encyclopédie, elles présentent pour nous un intérêt particulier, malgré l'opinion contraire de beaucoup de critiques. Ceux-ci ont souvent traité la philosophie professée par Diderot dans l'Encyclopédie comme « trop prudente » et comme « trop menteuse. » (DUCROS : *Diderot*, p. 310. P. DE JULLEVILLE : VII, p. 383.) D'après eux, « la pensée vraie et définitive » de Diderot sur les grands problèmes se trouve dans sa philosophie naturaliste. — On peut être d'un avis contraire pour plusieurs raisons. Tout d'abord, Diderot était, au fond, honnête homme, et son honnêteté et son amour paternel lui font dire et faire maintes choses qui réfutaient par avance sa morale naturaliste et notamment les folies du *Supplément au Voyage de Bougainville* ». En second lieu, Diderot lui-même n'a jamais attaché aucune importance (1) à toutes ses théories bizarres qu'il formule sur la pudeur, sur la commodité des femmes, « théories si extravagantes que, au dire de Ducros lui-même, pour peu qu'on essayât de les appliquer, il ne resterait bientôt plus rien de la vie sociale et de la civilisation. » (DUCROS, *ibid.*) C'est précisément pourquoi Diderot ne l'a jamais essayé; et ceci non pas sans une raison sérieuse. En effet, quelqu'un qui avait déclaré expressément que « tout système de morale, tout ressort politique, qui tend à éloigner l'homme de l'homme est mauvais » (VII, 132), et que « le meilleur conseil, même pour le succès du talent, c'est d'avoir des mœurs » (XIX, 390), ne pouvait pas juger sérieux tous ses écrits légers qui contre-

(1) « Diderot n'a pas attaché lui-même grande importance, dit M. Faguet, à ces ouvrages épouvantables où il y a de l'ingénieux, de l'éloquent et du criminel ». (Le XVIIIe siècle, p. 284).

disent et les principes de sa propre vie et ses autres ouvrages, notamment l'Encyclopédie, où se manifeste l'élévation de ses idées et de son caractère. Le but même que Diderot s'est proposé dans cette œuvre colossale prouve ce que nous venons d'énoncer. Ce but est, au dire même de Diderot, « de faire de l'homme un centre commun auquel tout vient aboutir. » (XIV, 415-453, *Encyclopédie* : article : *encyclopédie*.) Il était persuadé, dit sa fille à ce propos, que le plus grand bien que l'on puisse faire aux hommes est d'étendre leurs connaissances. » (I, XLVII.) Diderot aimait les idées et pour lui et pour les autres; aussi, après la passion de les acquérir, n'en avait-il pas de plus vive que celle de les communiquer. « Les sciences appartenant à tout le monde », il ne pense qu'à les mettre à la portée de tout le monde, et c'est ce qu il fait de la façon la plus scrupuleuse en se donnant corps et âme à l'Encyclopédie. Cette œuvre considérable qui nous découvre le caractère de Diderot dans sa totalité, est très significative, précisément à ce point de vue. On y voit Diderot avec toutes ses qualités et tous ses défauts : il y prodigue avec une rare insouciance toutes ses énergies, il y montre une constance et une volonté qui nous fait oublier un instant l' « inconstance de girouettes » des Langrois; il y met et de l'enthousiasme et du dévouement qui l'arment contre toutes les intrigues des libraires et les difficultés que lui créent ses collaborateurs éminents d'Alembert, Voltaire, etc.). Ceux-ci l'abandonnent un à un au premier obstacle et lui conseillent de laisser l'œuvre inachevée ou de la terminer à l'étranger. Sans se décourager un instant, Diderot continue cependant, avec un admirable élan, cette entreprise formidable pour laquelle il croit se suffire et par l'universalité de son génie et par sa vigueur inépuisable.

Sans doute, l'Encyclopédie est bien loin d'être une œuvre cohérente. Nous y voyons Diderot partant d'une théorie à l'autre; entrant comme d'habitude, avec une même aisance, dans tous les sujets, dans tous les rôles, dans tous les personnages les plus opposés; faisant le tour de toutes les questions, plaidant avec la même passion ici le pour et là le contre (Voir REINACH : *Diderot*, p. 26), et enfin, souvent n'hésitant pas à défendre dans l'Encyclopédie même des idées qu'il avait déjà énergiquement réfutées dans ses autres ouvrages. — Mais toutes ces incohérences s'expliquent aisément, si l'on tient suffisamment compte de la nécessité où se trouvait le parti encyclopédique de « couvrir les vérités d'un voile pour ménager les yeux trop faibles », comme le dit Condorcet. (*Tableau du Progrès de l'Esprit humain* : IX, époque.) Voltaire avait déjà conseillé à Diderot, en déclarant « la guerre à l'infâme », de frapper et de cacher ses mains, » Diderot, lui aussi, était persuadé que « rien au monde n'est plus licite que de mentir à bonne fin », et qu' « il y a des circonstances où on est forcé de suppléer à l'ongle du lion qui nous manque, par la queue du renard. » (Citations de DUCROS : *Les Encyclopédistes*, p. 195-199.)

Tout s'explique donc par cette considération essentiellement pratique : l'Encyclopédie étant le dictionnaire raisonné des sciences proprement dites, des arts libéraux et des arts mécaniques, doit s'adresser à la majorité du peuple, dont il faut ménager, d'après Diderot, la conviction sur les questions importantes. Si donc l'Encyclopédie est une de ses œuvres qui, malgré ses défauts impossibles à éviter à cause de la censure, présente clairement l'idéal même de Diderot aspirant à un siècle de bienfaisance et d'humanité », si les idées que Diderot y a émises à propos de la *justice* et de la *vertu*, etc., sont ses propres convictions, et les principes pratiques de toute sa vie privée, il est évident, croyons-nous, que les idées exprimées dans l'Encyclopédie en général, loin d'être suspectes comme le veulent certains critiques, restent toujours le *credo* de notre philosophe qui n'a jamais pratiqué dans sa vie les pensées soi-disant morales que l'on trouve dans son *Supplément au Voyage de Bougainville* ou dans son *Neveu de Rameau*, etc.

C'est pour toutes ces raisons que nous attacherons une importance particulière à l'Encyclopédie et aux conceptions qui y sont développées.

Nous attacherons la même importance encore aux autres œuvres de la même classe que l'Encyclopédie, et plus particulièrement à la Réfutation de l'Homme et du Plan, parce que nous croyons que Diderot y a mis tout son génie et toute son âme, et qu'il n'est dans aucune de ses autres œuvres, même dans l'Encyclopédie (par les raisons que nous avons dites), aussi méthodique et aussi conséquent avec soi-même que dans ses deux ouvrages posthumes. Ceci s'explique encore par cette autre raison que Diderot s'est forcé de s'y maîtriser d'un bout à l'autre, car il savait bien que, pour réfuter les paradoxes utopiques d'Helvétius, ce qui lui était nécessaire à chaque instant, c'était une très forte dose de bon sens, et que, pour élaborer un Plan destiné à être tout de suite exécuté (il le croyait), il était obligé de se méfier de son imagination. C'est pourquoi dans le présent travail nous allons recourir tout d'abord à ces deux ouvrages et ensuite à l'Encyclopédie pour établir la véritable pensée de Diderot sur un problème quelconque, et nous ne tiendrons compte des idées développées dans la seconde série de ses œuvres que lorsqu'il sera possible de les réconcilier avec celles de la première.

Toutefois, il serait vain de chercher un système adéquat et coordonné dans aucune des œuvres de Diderot excepté peut-être dans son Plan, où seul il est systématique, on ne peut mieux. Aussi, avons-nous cru bon d'exposer, à propos de chaque problème, toutes les diverses vues de Diderot les unes après les autres et de montrer comment la pensée de Diderot, tout en variant étonnamment sur ces problèmes, s'est finalement orientée dans un sens déterminé.

IV. *Les dernières années de Diderot.* — Au terme de cette étude biographique et littéraire, il importe encore de dire un mot des relations qu'il a eues avec « la Sémiramis du

Nord », Catherine II, l'Impératrice de Russie; relations qui, tout en nous montrant un autre trait de son caractère, nous renseigneront sur l'origine de son activité pédagogique.

C'était en 1763 que Diderot voulait vendre sa bibliothèque, « afin de pourvoir aux besoins de la vie... et à la dot de sa fille. » (I, LI.) Par l'intermédiaire de Grimm, un de ses meilleurs amis, il en proposa l'acquisition à Catherine II, dont « le cœur compatissant n'a pu voir sans émotion ce philosophe si célèbre obligé de sacrifier à la tendresse paternelle l'objet de ses délices et les compagnons de ses loisirs. » Elle lui offrait 15.000 francs — prix fixé par lui-même — en lui laissant jusqu'à sa mort la jouissance de sa bibliothèque, dont Diderot resterait le « dépositaire » avec une pension annuelle de 1.000 francs. (*Ibid.*) Tant de bonne grâce, tant de bienfaits touchèrent vivement le cœur très sensible de notre philosophe. Il eut l'idée d'aller en Russie pour remercier de vive voix S. M. l'Impératrice. En attendant, il lui adressa quelques-unes de ces lettres (Voir *Les Lettres à Betzki*, XIX, 493, *à Falconet*, XVIII, 257) pour lesquelles on l'a traité, très injustement d'ailleurs, de courtisan. La vérité est que, Diderot, nature essentiellement sensible et très noble, était confus en recevant les bienfaits inattendus de la tsarine ; aussi, sortait-il de lui-même chaque fois qu'il lui écrivait des lettres de remerciements et de reconnaissance. Si l'on se souvient que tout sentiment « déborde aisément chez Diderot », qu'il est « une tête exaltée, comme il le dit lui-même, et que, enfin, « il est affecté quand il se modère et naturel, dès qu'il est exagéré (Mme NECKER : *Nouvelles Mélanges*, p. 162), on comprend facilement le ton un peu emphatique de ses lettres à la tsarine. Elles sont pourtant bien loin d'être des madrigaux de courtisan (1).

Ce fut le 10 mai 1773 que Diderot partit pour Saint-

(1) « Toutes les familiarités indiscrètes qu'il s'est permises avec l'Impératrice, dit Mme de Vandeul, nous montrent bien que Diderot, bourgeois, philosophe, n'était pas né courtisan ». (Voir I. LIII).

Pétersbourg où il resta sept mois. l'Impératrice, dans les conversations qu'elle eut avec lui, le traita avec toutes sortes d'égards. C'était à propos d'une de ces conversations sur l'éducation que la tsarine le chargea de rédiger un plan complet d'une université pour son pays. Diderot s'acquitta à merveille de cette tâche, en composant son *Plan d'une Université pour le Gouvernement de Russie*, son plus important ouvrage pédagogique.

D'après le témoignage de Mme de Vandeul, le climat dur et les eaux de Saint-Pétersbourg dérangèrent prodigieusement la santé de Diderot. Aussi, fut-il obligé de hâter son retour à Paris. A mi-chemin, il s'arrêta à La Haye pour passer en revue les *Plans et Statuts* que Maréchal Betzki faisait éditer par le gouvernement de Son Impératrice. C'est à La Haye que Diderot a reçu l'ouvrage posthume d'Helvétius, intitulé *De l'Homme*, dont il a laissé une *Réfutation* très remarquable. Nous aurons, d'ailleurs, à étudier cet ouvrage.

En rentrant à Paris, Diderot y vécut encore dix ans, dans une demi-solitude, travaillant quatorze heures par jour. Mais peu à peu sa santé baisse. Il souffre de la poitrine, mal rapporté de Russie. Par suite des coups d'apoplexie, aggravée par une attaque d'hydropisie, Diderot mourut le 30 juillet 1784, très tranquillement, possédant sa raison jusqu'au dernier moment. Cinq minutes avant sa mort, elle lui dictait le mot célèbre, le résumé de ses spéculations. « Le premier pas vers la philosophie, c'est l'incrédulité .»

V. *L'Homme et son Caractère.* — Quel fut cet homme qu'on a tour à tour trop exalté et trop rabaissé ? Certes, il n'a été ni le Diogène, ni l'Aristippe (IV, 7, *Regrets sur ma vieille robe de chambre*) qu'il a souvent voulu être. Mais nous ne croyons pas non plus avec J. Reinach qu'il soit « un moraliste d'un ordre très bas » n'ayant « le sentiment de l'esthétique morale que pendant la rapide durée d'un éclair, le reste du temps s'agitant dans la boue ». (Reinach : *Dide-*

rot, p. 181.) L'Encyclopédie et toute la vie privée de Diderot font mentir cette appréciation sévère. Ayant connu la misère et étant naturellement charitable et généreux, Diderot « ignore, d'après l'expression même de Reinach, les cruautés vertueuses, les rigorismes pédants des hommes toujours heureux. » (*Ibid.*, p. 9.) Chez lui, « le lait de l'humaine tendresse » coule d'abondance; son cœur, son cerveau et ses yeux sont ouverts à tout : mais il ne se contente pas seulement de voir, de comprendre et de sentir, il agit. Il met, non seulement son argent, mais encore sa plume à la disposition de tous ceux qui les lui demandent. « Sa vocation est de semer, comme le dit Reinach; pourvu que le grain germe, peu lui importe que ce soit dans son terrain ou dans le champ du voisin. » (Reinach, *ibid.*, p. 21.) « La jalousie des talents est un vice, dit Mme de Vandeul, qui lui est étranger. » (I, 41.) Tout cela découle naturellement du fond même de son cœur qui le pousse à intervenir dans les affaires des autres, à arranger les querelles avec candeur, à préférer la vie en société à la vie solitaire et sauvage préconisée avec tant d'éloquence par Rousseau (1), puisqu'il n'y a, d'après lui, que le méchant qui vive seul. » Bref, nous croyons être fondé, comme nous le verrons, du reste, un peu plus loin, à dire que celui qui est persuadé que, « tout compte fait, la vertu vaut mieux

(1) Nous ne croyons pas avec plus d'un écrivain que Diderot ait suscité l'idée principale du « *Discours sur les sciences et les arts* » de l'auteur de l'Emile. Au dire de Rousseau lui-même, il est vrai que le dessein de ce discours se forma dans son esprit pendant sa visite au donjon de Vincennes où Diderot fut emprisonné (en 1749, à cause de l' « intempérance » de quelques-unes de ses œuvres, notamment, Les *Pensées philosophiques, Les lettres sur les aveugles et sur les Sourds-muets*, etc.), mais après un examen attentif des textes il nous semble impossible que Diderot ait imposé ce jour-là à Rousseau une thèse, qu'il a traitée de « Sophisme » pendant toute sa vie. D'ailleurs les idées que se fait Diderot de la civilisation et de l'état de société sont trop en opposition avec celle de Rousseau, partisan de l'état de nature. « On ne me persuadera jamais, dit-il, que la barbarie soit l'état le plus heureux d'une nation, ni qu'un peuple s'achemine vers le malheur, à mesure qu'il s'éclaire ou se civilise ». (Voir III, 518).

que le vice, qu'elle est le seul moyen d'arriver au bonheur » (III, 312), ne peut pas être « un moraliste d'un ordre très bas. » Il est tout au plus « un employé, suivant l'expression très ingénieuse de M. Faguet, qui sait entendre avec dignité la messe officielle ». — Il est pour nous, sinon par toutes ses théories de morale, au moins par toute sa vie pratique, par sa morale sociale exposée dans l'Encyclopédie, un moraliste bien supérieur à la plupart des moralistes contemporains, comme Helvétius, d'Holbach, Marmontel, etc. S'il nous est parfois suspect, il ne l'est que par ses exagérations qui lui sont, pour ainsi dire, toutes naturelles. S'il n'atteint pas toujours cette esthétique morale, dont nous parle J. Reinach, il ne cesse au moins jamais d'avoir « le courroux d'un enfant », suivant l'expression heureuse de J. Meister, contre les méchants, courroux qui était sincère et procédait d'une tendance naturelle vers le bien; si quelques-uns de ses instincts bas lui ont inspiré les pages répugnantes du *Supplément au Voyage de Bougainville*, et d'autres encore, il en est aussi qui font de lui l'ouvrier infatigable des « lumières » et le défenseur fervent de l'humanité, de ce « plus beau mot de la langue française » (Le mot est de Mercier, cité par DUCROS : *Les Encyclopédistes*, p. 370), une des plus belles découvertes du XVIIIe siècle. Si l'on ajoute à tout cela les vertus solides du travailleur par excellence qu'est Diderot, sa persévérance, sa foi ardente dans son œuvre, son goût des tâches utiles et souvent ingrates, une puissance de labeur incomparable et soutenue, et cela malgré la mobilité extrême de son caractère, nous comprendrons aisément la valeur de l'œuvre de ce « pantophile » (c'est ainsi que l'appelait Voltaire) mémorable du « siècle des lumières ».

CHAPITRE II

LES QUALITÉS PÉDAGOGIQUES DE DIDEROT

Par quelles qualités Diderot justifiait-il le choix que fit de lui, comme pédagogue, la tsarine Catherine II? « C'était d'abord, dit M. Compayré, l'universalité d'un penseur « assez versé dans toutes les sciences, comme il le disait lui-même pour en connaître le prix, pas assez profond dans aucune pour se livrer à une préférence de métier ». (COMPAYRÉ : *Op. cité*, II, 175.) En effet, rien n'est plus nécessaire pour un pédagogue qu'une culture générale, ou mieux encore encyclopédique (1), qui, seule, lui permet d'apprécier judicieusement la valeur respective de toutes les branches de l'enseignement. Or, parmi les écrivains français (2) du XVIIIe siècle, personne ne remplit mieux ces conditions que notre philosophe. Egalement épris de mathématiques et de peinture, de physique et de théâtre, de philosophie et de mécanique, le génie de Diderot, qui a pénétré par effraction dans presque toutes les sciences, « offre vraiment de quoi justifier toutes les formes de l'admiration ». (COMPAYRÉ : *Ouv. cité*, II, p. 175.) Ce fait est très important pour nous, car il nous indique déjà un des caractères dominants de l'instruction à

(1) « Quand on ne sait pas tout (entendez un peu de tout), dit Diderot, on ne sait rien de bien ; on ignore où une chose va, d'où une autre vient, où celles-ci et celles-là veulent être placées ». (V. 415).

(2) « Mêlé au mouvement scientifique, dit M. Compayré, dont l'Encyclopédie était le centre, et en même temps enthousiaste des lettres, passionné pour la poésie, et non moins épris de mathématique, idolâtre de Shakspeare mais amoureux de l'antiquité classique, Diderot avait *l'esprit plus étendu et plus large que le sentimental Rousseau et l'algébrique d'Alembert* » (ouvrage cité : II, 175).

la Diderot, qui est, avant tout, *encyclopédique*. Ce trait a été déjà relevé par Grimm, qui considérait la tête de Diderot comme « la plus naturellement encyclopédique qui ait peut-être jamais existé. » Et, en effet, sa curiosité prodigieuse l'a promené partout et l'a amené à parler de tout, sinon toujours avec la même pénétration, au moins avec la même abondance et la même facilité. Un tel homme était particulièrement apte à réorganiser l'enseignement de la Russie et à dresser pour ce pays neuf un plan systématique pour toutes sortes d'établissements scolaires.

Mais ce qu'il y a de plus remarquable encore dans les qualités pédagogiques de Diderot, c'est qu'il a senti avec beaucoup plus de netteté que tout autre pédagogue, qu' « il faut devenir chaque jour un enfant avec les enfants pour en faire des hommes ». Et c'est sans doute la théorie de cette pratique exercée pour le compte des enfants de Randon, qu'il esquisse dans une lettre à Mlle Volland : « *Il faut*, dit-il, *en général se faire petit, pour encourager peu à peu les petits à se faire grands*. On peut leur dire d'aussi bonnes choses sur une poupée, sur une croix de paille, sur un chiffon que sur les affaires les plus importantes. En les accoutumant à être bons dans des riens, ils sont tout prêts à être bons dans des cas importants. Mais est-ce qu'il y a des riens pour eux ? » (XIX, p. 106.) (1).

Et, en effet, pendant les trois mois qu'il fut précepteur chez le financier Randon, Diderot a scrupuleusement mis en exécution toute cette théorie, et par là, il a montré que le préceptorat est un véritable sacerdoce; qu'il fallait se lever chaque matin avec les enfants, pour les voir s'habiller; qu'il fallait leur enseigner *tout* ce qu'on savait; bref, qu'il ne

(1) Il est curieux de voir Diderot tenir ici un langage à peu près identique à celui de Montaigne sur le même sujet : « Tout ce qui se présente à nos yeux, dit l'auteur des Essais, sert de livre suffisant : la malice d'un page, la sottise d'un valet, un propos de table, la sottise mesme et faiblesse d'aultruy lui (à l'enfant) sera instruction ». (Essais, t. I, ch. XXV, p. 122).

fallait pas les abandonner, voire même un instant. Il est vrai que Diderot, par sa nature même d'homme de première impulsion, n'était pas pratiquement (1) apte à cette vie d'efforts tendus et de longue patience, qui « rendait son visage plus jaune qu'un citron », et qui, pourtant, est une condition *sine quâ non* pour un bon éducateur, mais il n'en est pas moins vrai qu'il a eu le plus grand mérite d'avoir indiqué avec beaucoup de vigueur l'attitude convenable et appropriée de tout éducateur. Toutes ces qualités pédagogiques nous montrent maintenant jusqu'à quel point est vraie la déclaration qu'a faite Diderot à Falconet à ce sujet : « Si d'Alembert s'entend infiniment mieux que moi, dit-il, à résoudre une équation différentielle, je m'entendrais tout autrement que lui à *pétrir un cœur*, à l'élever, à lui inspirer un goût solide et profond de la vertu et de la vérité. Qu'on me donne un enfant, qu'on m'enferme avec lui dans une solitude, et si je n'en ramène pas un homme, c'est que nature y aura mis un obstacle insurmontable. » (XVIII, 237.)

En ajoutant ces qualités pédagogiques à celles de l'homme intime que nous avons étudié plus haut, nous aurons l'image exacte de notre « philosophe », qui est « d'une impressionnabilité profonde, d'une mobilité excessive, d'une effervescence perpétuelle », mais aussi « d'une verve inépuisable au service de son enthousiasme et de ses instincts généreux », « d'une persévérance prodigieuse pour le travail, d'un goût infaillible pour les tâches utiles à l'humanité. » (Voir COLLIGNON : *Diderot*, p. 90 et les suivantes.)

(1) Cette différence entre l'éducateur et le pédagogue qu'il y a en Diderot s'explique par ce fait même, comme le remarque très judicieusement M. Durkheim, que la pédagogie est une forme de la réflexion. Or, la réflexion exige la concentration de toutes les forces intellectuelles sur un seul objet et ne peut être que provisoire. Tandis que l'éducation peut s'exercer d'une façon inconsciente et durable par le fait même de la communauté de la vie. (Voir Durkheim : Education intellectuelle, cours de 1909-1910, fait à la Sorbonne : leçon du 25 novembre 1909).

CHAPITRE III

DIDEROT ET LES PÉDAGOGUES ANTÉRIEURS ET CONTEMPORAINS : LE PROBLÈME DE L'ORIGINALITÉ DE SES CONCEPTIONS PÉDAGOGIQUES

Un système pédagogique nouveau, comme tout système quelconque, obéit à une double tendance. Il cherche à la fois à établir son originalité et à se trouver des antécédents. Pour atteindre le premier résultat, il critique les systèmes antérieurs et contemporains; pour en atteindre le second, il se découvre dans l'histoire une filiation. Le système pédagogique de Diderot ne remplit que la première de ces deux conditions et encore d'une manière incomplète. Quant à l'origine directe de ses conceptions pédagogiques, il déclare expressément : « Des idées bonnes ou mauvaises forment ce plan d'écoles publiques; je n'en dois *aucune à personne* c'est le vice de mon éducation qui me les a toutes suggérées. » (III, 534.) N'ayant pas des renseignements précis qui nous montrent l'exactitude de cette assertion, nous nous contenterons, dans la troisième partie de ce travail de relever les analogies que son système présente avec ceux de Montaigne, de Locke et de Rousseau, pour ne parler que de ces derniers. Occupons-nous pour le moment de mettre en lumière les griefs qu'il formule contre les auteurs qui se sont occupés de l'éducation.

Ce qui frappe tout d'abord, c'est que l'érudition n'est pas, comme le dit M. Compayré, le fort de Diderot. Très peu nombreux sont les pédagogues, même contemporains qu'il cite dans son chapitre intitulé : *Des auteurs qui ont écrit de l'instruction publique*, et quand il les cite, il laisse voir qu'il ne les connaît pas beaucoup ou qu'il les connaît mal. Par contre, il donne l'impression de mieux connaître des écrivains comme Montaigne et Rabelais, bien qu'il ne cite guère le second.

Mais qu'y a-t-il de plus pauvre que ces renseignements épars et sommaires qu'il nous donne sur Rollin et sur La Chalotais ? Le premier n'a d'autre but, d'après Diderot, que de faire des prêtres ou des moines, des poètes ou des orateurs. » (III, 432.) Quant au second, qu'il connaît peut-être beaucoup mieux que tout autre pédagogue (1), Diderot le critique très sévèrement. « Le célèbre procureur général de Rennes, (La Chalotais), dit-il, est *le seul* qui ait donné un traité d'éducation publique où l'on voit qu'avec tout son génie, faute de s'être demandé ce qu'il fallait faire, il n'a rien fait qui vaille. Il a pris pour modèle de son instruction un enfant, comme il s'en trouverait à peine un seul sur cinq cents; au lieu que le vrai représentant de la généralité des enfants n'est ni un imbécile ni un aigle. » (XVII, 360.) En dehors de ces deux pédagogues contemporains, il ne dit un seul mot ni du président Rolland qui, ayant organisé, dès 1752, l'instruction publique, avait préparé, avec La Chalotais, — le plus redoutable adversaire des jésuites, le mouvement de 1762, aboutissant à l'expulsion des jésuites et à la sécularisation de l'enseignement. Mais ce qui est peut-être plus étonnant encore, c'est qu'il ne cite pas beaucoup le nom de Rousseau et de son Emile, paru pourtant en 1762, c'est-à-dire quinze ans avant son *Plan d'une Université* et sa *Réfutation de l'Homme d'Helvétius*. Il connaît cependant un de ces contemporains, on ne peut mieux, Helvétius, avec

(1) M. Compayré, se contentant des renseignements puisés au fameux chapitre du *Plan d'une Université*, intitulé « des Auteurs qui ont écrit de l'instruction publique », croit que Diderot ne nous dit rien de La Chalotais, comme du président Rolland. Mais Diderot connaît le procureur général de Rennes de beaucoup plus près que tout autre pédagogue. La preuve en est qu'il le critique très sévèrement (Voir Voyage à Langres : XVII, p. 360).

qui il est uni par un lien d'amitié très sincère. Cette amitié ne l'empêchera pas de critiquer et de réfuter très éloquemment tous les paradoxes de l'auteur de l'Homme. C'est peut-être le seul de tous les pédagogues contemporains qu'il connaisse d'une façon approfondie (1).

Mais s'il est vrai que Diderot ne connaît pas assez les conceptions pédagogiques des réformateurs de son temps, il n'est pourtant aucunement vrai qu'il ait ignoré les aspirations de son siècle, dont il est le représentant le plus illustre; époque « des lumières » dont il a su incarner l'esprit général (2). En effet, il n'y a eu aucune question philosophique soulevée au XVIIIe siècle qui ne fût traitée par Diderot : ses idées sur le monde et sur l'homme, sur Dieu et sur l'âme, sur les religions et les institutions sociales, sur la morale et l'esthétique, sur la vertu, le beau, l'amour et la vérité, sur l'art et la vie, sur les conditions du bonheur individuel et du progrès social, bref, toutes les conceptions philosophiques font de lui « l'homme le plus étonnant de son siècle; celui en qui s'unissent « dans un accord le plus rare, les qualités les plus diverses ». (Voir COLLIGNON : *ouvr. cité*, p. 94.) Si tous les grands génies du siècle, même Voltaire (3) et Rousseau (4) ont fait de lui les plus grands éloges, c'est qu'il est capable d'enthousiasmer à merveille l'artiste et le savant, le scep-

(1) Nous reviendrons au cours de ce travail plus d'une fois sur les idées d'Helvétius ; aussi nous nous dispensons d'en parler ici.

(2) « Diderot est, dit St-Beuve, de tous les hommes du XVIIIe siècle celui dont la personne résume plus complètement l'insurrection philosophique, avec les caractères les plus larges et les plus contrastes. Il s'occupe peu de politique, mais en philosophie *il fut en quelque sorte l'âme et l'organe du siècle, le théoricien dirigeant par excellence* ». (Voir : PORTRAITS LITTÉRAIRES, p. 241).

(3) « Diderot est, dit Voltaire, un si beau génie à qui la nature a donné de si grandes ailes ».

(4) « De la distance de quelques siècles du moment où il a vécu, dit Rousseau avant sa rupture avec notre philosophe, Diderot paraîtra un homme prodigieux ; on regardera cette tête universelle avec une admiration mêlée d'étonnement, comme nous regardons aujourd'hui la tête des Platon et des Aristote ».

tique et le croyant, le philosophe et le poète, et de dominer ainsi les meilleures aspirations de son siècle.

Mais Diderot a fait plus que traduire l'esprit général de son époque. Il paraît s'en être inspiré plus ou moins directement dans l'élaboration de ses œuvres en général et dans celle de ses conceptions pédagogiques en particulier. Notamment, l'influence du « sage Locke (1) », comme il le nomme, est manifeste dans ses œuvres pédagogiques. D'ailleurs, Diderot était trop de son temps pour échapper à cette influence. Nous pouvons en dire autant de Rousseau et même de Montaigne, en nous basant sur les analogies formelles qu'on peut facilement relever entre les conceptions pédagogiques de ces philosophes et celles de Diderot (2), analogies que nous ne pouvons exposer qu'après avoir connu la pédagogie de notre philosophe. Elles auront leur place dans l'ensemble de la troisième partie de ce travail. Ce que nous voulons indiquer ici, c'est que le système de Diderot, ne pouvant pas échapper à la règle générale que nous exposions au commencement de ce chapitre, se découvre, dans l'histoire, lui aussi, comme tout autre système, une filiation plus ou moins directe. Ceci est d'autant plus vrai qu'il avoue lui-même à un moment donné qu'il emprunte aux écoles allemandes, aux écoles de son temps et même aux jésuites ce qu'il y trouve de mieux. Tous ces emprunts, ainsi que les analogies de tout à l'heure que nous verrons, du reste, à leur place respective, n'auraient eu rien de surprenant, si Diderot n'avait pas dit qu'il ne doit *aucune* de ses idées pédagogiques à *personne*.

Ceci dit, il faut reconnaître pourtant que les vrais emprunts qu'a faits Diderot n'ont, en général, qu'une importance secondaire, car ils ne concernent pas les idées direc-

(1) Pour l'influence de Locke sur Diderot voir, des œuvres de celui-ci, I. 314, 315, 316, 470, II. 295, 297. ; III. 95, XV. 519-524.

(2) Pour celle de Montaigne, I. 10, 19, 217 ; II. 272 ; III. 235, 290 ; III. 235. Quant à celle de Rousseau, III. 91-100 ; 518 ; II. 292, 316 ; VI. 351 ; X. 417 XVIII. 269-70 ; XIX. 446, 466.

trices de la doctrine. Celle-ci, comme nous le verrons par la suite, resta en général originale et vivante. « Tous ces beaux livres d'éducation publique bien fermés », il faut profiter, d'après Diderot, de leurs erreurs pour compléter les lacunes qu'on y relève, et ceci dans un esprit tel qu'on puisse « connaître le prix de toutes les sciences », sans se livrer cependant « à une préférence de métier ». (III, 432.)

Dans quelle mesure Diderot a pu réaliser cet idéal, c'est ce qu'il nous faut voir de plus près.

DEUXIEME PARTIE

La philosophie générale de l'éducation

INTRODUCTION A LA IIe PARTIE

Les théories de Diderot sur l'éducation sont dispersées un peu partout dans ses œuvres. Aussi, est-il nécessaire de les ramasser ici et de les combiner avec celles que nous trouvons exposées un peu plus méthodiquement dans la *Réfutation de l'ouvrage d'Helvétius intitulé De l'Homme.* En dehors de cette œuvre fondamentale de Diderot concernant la philosophie générale de l'éducation, il y a nombre d'écrits et de lettres qui ont une importance considérable pour notre travail. Ces écrits sont : 1° *Une lettre à Mme la Comtesse de Forbach sur l'éducation des enfants* (III, 540-4); 2° *Une lettre à S. A. S. la princesse de Nassau-Saarbruck* (1) (VII, 179-85); 3° *Quelques-unes de ses lettres adressées à Mlle Volland* (XVIII, 337-536 et XIX, 1-352) ; 4° *L'écrit intitulé Sur les Femmes* (II, 251-261); 5° *La lettre adressée à Landois en 1756* (XIX, 452); et enfin 6° *L'écrit intitulé Quelques remarques sur les rois* (IV, 105-106). Nous tâcherons de dégager les conceptions de Diderot concernant l'éducation de l'ensemble de tous ces écrits, ainsi que des principaux articles de l'Encyclopédie qui s'y rapportent. — Comme c'est à la morale d'assigner un but à l'éducation et à la psycho-

(1) Voltaire apprécie cette lettre de Diderot avec des termes très élogieux. Elle lui a parue comme « le chef-d'œuvre de l'éloquence et le triomphe de l'humanité ». (Lettre à Palissot, du 8 juin 1760. Diderot, œuvres : VII. 179).

logie d'en établir la possibilité et de montrer en même temps les moyens d'atteindre ce but, nous avons jugé nécessaire d'étudier tout d'abord dans cette deuxième partie la psychologie et la morale de Diderot. Celles-ci étant en fait à la base même de sa pédagogie, nous ne pouvions guère nous dispenser de les exposer soit pour compléter les lacunes dont nous parlions au début de ce travail, à propos des écrits de MM. Compayré et Issaurat, soit surtout pour faciliter l'intelligence même de la doctrine pédagogique de Diderot. Nous dégagerons ces conceptions psychologiques et morales de l'ensemble de ses œuvres. Mais l'Encyclopédie prendra la place d'honneur qui lui revient.

La psychologie et la morale de Diderot, une fois ainsi exposées, nous aurons résolu, du même coup, le problème de la possibilité de l'éducation et celui de ses limites, et nous aurons en même temps indiqué son but. Dès lors, il ne nous restera qu'à exposer les caractères et les principes directeurs de l'éducation et sa marche générale. Pour en finir avec la philosophie générale de l'éducation, nous parlerons en dernier lieu de l'éducation féminine.

CHAPITRE I

LES CONCEPTIONS PSYCHOLOGIQUES DE DIDEROT ET LA POSSIBILITÉ DE L'ÉDUCATION

Quiconque de nos jours se propose d'entreprendre l'étude de l'éducation, doit tout d'abord se demander : que vais-je faire ? Quel est le but que je dois poursuivre dans cette entreprise ? Le premier soin de la pédagogie sera donc de déterminer le but de l'éducation, qui, une fois établi, servira de principe, d'où l'on pourra déduire le système tout entier. Et même, avant de chercher quel est ce but, il importe de se demander si l'entreprise qu'on se propose a quelque chance de réussite; en d'autres termes : si l'éducation est possible. Sans doute, Diderot ne se pose pas le problème en ces termes. Tout au contraire, en face de chaque question pédagogique, il saisit intuitivement une solution qu'il s'applique à justifier par des raisons particulières et spéciales, au cas considéré. Et l'absence dans ses œuvres d'une psychologie proprement dite s'explique facilement par cette raison bien simple que la psychologie n'était pas encore une science systématique. S'il veut que « le premier chapitre d'un bon traité d'éducation soit de la manière de connaître les dispositions naturelles de l'enfant » (II, 375), c'est là plutôt une remarque de bon sens qu'une conception scientifique. En effet, c'est à cause des exigences de la pratique que Diderot tient compte de la psychologie dans ses réflexions pédagogiques, et c'est aussi pour la même raison qu'il fait ici table-rase de toutes les conceptions psychologiques, défavorables à la démonstration du principe de l'éducabilité de l'enfant, bien que, par ailleurs, il ait défendu ces mêmes conceptions.

Toutefois, une autre difficulté se présente quand il s'agit

de savoir quelle est sa pensée directrice : celle-ci prend des aspects si divers qu'on peut à chaque moment se trouver en face de contradictions formelles. En choisissant les textes, il serait possible de représenter Diderot comme un spiritualiste presque cartésien, défenseur de la liberté, au sens le plus radical du mot : consultez, par exemple, le commentaire du livre de Shaftesbury intitulé : *Essai sur le mérite et la vertu*, et l'article *Liberté* de l'Encyclopédie (XV, 478). Mais les notes sur Shaftesbury datent de 1745, c'est-à-dire de l'époque de « ferveur ou plutôt de fièvre religieuse » (I, 7) dont parle La Harpe, et l'article *Liberté* est rédigé par l'Encyclopédie qui, étant soumise à la censure, peut ne pas exprimer la pensée entière de Diderot. Ce n'est donc pas là qu'il faudra aller chercher la base psychologique de sa pédagogie. On n'a même pas toujours la ressource d'admettre soit qu'il a pris des précautions oratoires, soit qu'il a varié dans le cours de sa vie, en corrigeant par degrés ses opinions antérieures. Il va et vient, abandonne une idée pour une autre, puis la reprend dans un ouvrage ultérieur (1). Chaque question particulière, en mettant en relief un aspect différent de vérités morales, en exigeant la réfutation de quelque théorie contemporaine exagérée, l'amène à insister tour à tour sur des considérations opposées. Est-ce à dire qu'il n'ait pas un centre et une attitude d'esprit principale ? Lui-même nous a mis en garde contre cette erreur : « Tenez, mon ami, dit-il à d'Alembert, si vous y pensez bien, vous trouverez qu'en tout, notre véritable sentiment n'est pas celui dans lequel nous n'avons jamais vacillé, mais celui auquel nous sommes le plus habituellement revenus. » (II, 121, *Entretien entre d'Alembert et Diderot.*) Il ne faut donc pas nous inquiéter beaucoup des excursions momentanées et des contradictions verbales, mais chercher à reconnaître quel est vrai centre

(1) Il s'en excuse lui-même : c'est, dit-il, le tempérament de son pays (Voir ci-dessous 1re partie, Introduction, p. 13).

où son jugement, dégagé de toute polémique, trouvait son équilibre naturel (1).

La nécessité logique, que nous exprimions en commençant ne s'en impose donc pas moins à Diderot, même s'il n'en a pas conscience. Et par suite, il est légitime de se demander d'abord quelle idée il se fait du but de l'éducation et comment il en conçoit la possibilité.

Si on entend par éducation l'ensemble des actions par lesquelles une génération forme la génération suivante, personne n'en conteste la possibilité. En effet, la jeune génération subit incessamment l'influence de celle qui l'a précédée, dont elle recueille l'héritage. Il s'agit de savoir si, d'après Diderot, cette transmission résulte seulement du cours naturel des choses, ou si elle peut procéder aussi d'une action voulue, préméditée et méthodique des éducateurs de profession. La question à examiner est donc celle-ci : l'éducateur, étant donnés les moyens dont il dispose, peut-il former le cœur et la volonté de l'enfant ?

Il est évident que tout système pédagogique est fondé sur le principe de l'éducabilité de l'enfant. Sans cette supposition, l'éducateur ne pourrait pas commencer son œuvre. Mais c'est à la psychologie et non à la pédagogie de démontrer l'éducabilité de l'élève. Tout système pédagogique quelconque a donc un fondement psychologique. Toutefois, on ne doit pas supposer que chaque système psychologique puisse également démontrer le principe de l'éducabilité. Car, suivant qu'on est en psychologie déterministe ou partisan de libre-arbitre, le principe fondamental de l'éducation sera nécessairement différent. Or, quelle est l'attitude de Diderot à cet égard ? (2).

(1) « Beaucoup de ses idées (Diderot), dit Höffding, n'expriment avec une impartialité aveugle que la disposition du moment, sans chercher le fil capable de les relier à d'autres pensées qu'il avait également l'intention de soutenir ». (Hist. de la phil. moderne. I. 490).

(2) Les conceptions psychologiques sont dispersées un peu partout dans

A travers ses variations, deux thèses apparaissent assez claires et assez permanentes. L'une est celle du *monisme vitaliste*, que lui-même qualifie quelquefois de matérialisme, (mais dans un sens qu'il faut bien interpréter) et qui paraît être une des idées auxquelles il tient le plus; l'autre est celle du déterminisme scientifique, compatible avec une certaine forme de liberté; théorie qu'il n'a peut-être pas bien tirée au clair, comme semblent le prouver bien des passages de *Jacques le Fataliste*, mais où il devance cependant sur certains points les idées psychologiques contemporaines. — Dans l'*Interprétation de la Nature* (1754), il fait déjà entrevoir cette pensée : « Si la foi, dit-il, ne nous apprenait pas que les animaux (Diderot y comprend l'homme aussi) sont sortis des mains du Créateur tels que nous les voyons, et s'il était permis d'avoir la moindre incertitude sur leur commencement, sur leur fin, le philosophe abandonné à ses conjectures ne pourrait-il pas soupçonner que l'animalité avait de toute éternité les éléments particuliers épars et confondus dans la masse de la nature, qu'il est arrivé à ses éléments de se réunir parce qu'il était possible que cela se fît, que l'embryon formé de ces éléments a passé par une infinité d'organisations et de développements qu'il a eu, par succession, du mouvement, de la sensibilité, des idées, de la réflexion, de la conscience, des sentiments, des passions, des signes, des gestes, des lois, des sciences, des arts, etc. » (II, 57-58 et 115.) Mais cette foi religieuse, dont Diderot parle ici en termes qui laissent transparaître sa vraie croyance, il l'avait abandonnée définitivement lorsqu'il composait ses *Entretiens* avec d'Alembert et le *Rêve de d'Alembert;* ce dialogue philosophique au sujet duquel il écrit à Mlle Volland qu'il n'est pas possible d'être plus profond et

ses œuvres et plus particulièrement dans les suivantes : 1° *La Réfutation de l'ouvrage d'Helvétius, intitulé De l'Homme* ; 2° *Les Entretiens avec d'Alembert et Diderot* ; 3° *Le Rêve de d'Alembert* ; 4° *Les lettres sur les aveugles et les sourds-muets* ; 5° *Eléments de Physiologie.*

plus fou. » (XIX, 318.) Dès lors, Diderot peut s'abandonner librement à des conjectures philosophiques qui lui permettront d'animaliser le marbre et de le rendre sensible », et partant, de lui faire faire « de l'âme en faisant de la chair ». (II, 107.) Le vrai centre de la pensée de Diderot, ou plutôt de sa nature intellectuelle, c'est donc, au moins dans cet ordre d'idées, l'identité d'essence entre l'inorganique et l'organique. Une matière sensible, capable de mouvement, d'organisation et de vie, prenant, de haut en bas de l'échelle des êtres, des formes de plus en plus complexes, mais toujours condamnée aux mêmes renouvellements et aux mêmes déchéances, — c'est bien, semble-t-il, au premier abord, le dernier mot de sa philosophie. Tout le reste « est galimatias métaphysico-théologique ». (II, 116.)

Pour échapper à la difficulté d'expliquer la formation de l'individualité consciente, Diderot la rejette de côté en disant qu' « il n'y a point d'individus »; qu' « il n'y a qu'un seul grand individu : c'est le tout ». (II, 138-139.) Pour éclairer davantage sa pensée à l'aide d'exemples, il compare l'organisme humain à une grappe d'abeilles qui, formée de plusieurs êtres, donne cependant par une cohésion toute provisoire l'impression d'un être unique. Il recourt ensuite à l'exemple du clavecin pour montrer que l'esprit humain n'est qu'un pur mécanisme. (II, 114-115.) Tout s'accomplit donc en nous aussi bien qu'en tout le reste de l'univers par une action mécanique, action qui découle de la nature même des choses.

En effet, notre activité pensante n'est pas, pour Diderot, plus extérieure à la nature que la circulation de notre sang. « Je suis tel,parce qu'il a fallu que je fusse tel. Changez le tout, vous me changez nécessairement. » (II, 138-118.) Cette conception est sans doute matérialiste, si l'on entend par ce mot, comme le voulait Aug. Comte, l'explication du supérieur par l'inférieur, du complexe par le simple; mais elle n'est à aucun degré une tentative pour ramener le sentiment et la pensée au pur mouvement. Ce n'est pas sans raison que, dans le Rêve de d'Alembert, il prend pour interprète de ses idées *Bordeu*, le célèbre médecin vitaliste qui avait réfuté victorieusement le système iatro-mécanique de Boerhaave. Le point de départ de son « matérialisme » est une matière vivante, et non pas l'étendue géométrique de Descartes. Par son idée des forces de la nature, de « sa puissance médicatrice » (*Id. du Centenaire*, p. 139), il est un précurseur du romantisme philosophique et en tout cas un dynamiste plutôt qu'un mécaniste.

A cette conception se rattache l'idée qu'il se fait de l'intelligence. Il était trop de son temps, disions-nous dans la partie précédente, pour ne pas subir l'influence de Locke. En effet, à l'époque des *Lettres sur les Aveugles* (1749) et *sur les Sourds-Muets* (1751), on voit déjà en Diderot un disciple fervent de Locke (1), dont il invoque l'autorité entre les idéalistes, comme Berkeley. (I, 304.)

« Si jamais, dit-il, un philosophe aveugle et sourd fait un homme à l'imitation de Descartes, je vous assure, Madame, qu'il placera l'âme au bout des doigts, car c'est de là que

(1) Diderot tout en étant un disciple de Locke, n'est cependant pas un partisan de la doctrine de la table-rase, dont il réfute éloquemment toutes les conséquences »...... C'est qu'il se mêle dans les discours des hommes les plus modérés et les plus judicieux, toujours un peu d'exagération de métier. Locke et Quintilien traitent de l'éducation et ils se persuaderont à eux-mêmes que tous nos enfants en sont également susceptibles et s'ils réussissent à nous le persuader à nous qui sommes pères, plus Locke aura de lecteurs et plus Quintilien aura de disciples.... Un sot sort de l'école de Quintilien, et avec les soins les plus assidus et tous les beaux préceptes de Locke, je n'ai rien fait qui vaille de mon fils » (II. 297, Réfutation). — L'influence de cette conception sensualiste de Diderot pour la pédagogie, comme nous le verrons dans la suite et dans la IIIe partie, est manifeste. Si les sensations jouent un rôle considérable dans l'acquisition des connaissances, si beaucoup de nos idées, sinon toutes, viennent des sens, la manière la plus sûre et en même temps la plus naturelle de mettre en mouvement les idées sera, de multiplier les causes de sensation, de parler aux sens par des moyens matériels et de les intéresser constamment. D'où l'importance considérable qu'attachera Diderot dans son Plan à l'enseignement des sciences naturelles.

lui viennent les principales sensations et toute sa connaissance. » (I, 292.) Dans son apologie de Prades, il continue à se déclarer pour le sensualisme de Locke : « Il n'y a rien de démontré en métaphysique, et nous ne saurions jamais rien « ni sur nos facultés intellectuelles, ni sur l'origine et le progrès de nos connaissances, si le principe ancien : *Nihil est in intellectu, quod non fuerit prius in sensu.* » (rien n'est dans l'entendement qui n'ait d'abord passé par les sens), n'a pas l'évidence d'un premier axiome. » (I, 470 et 450.) Tout en admettant avec Locke que c'est de nos sens que nous viennent toutes nos idées, Diderot lui reproche cependant « d'avoir pris souvent pour des idées des choses qui n'en sont pas, et qui n'en peuvent être d'après son principe ». (XV, 522.) Diderot est persuadé qu'il n'y a pas en nous que des idées. En effet, il a essayé de séparer les sentiments et les affections des états intellectuels. Il a assigné le diaphragme comme centre des premiers, et le cerveau, comme centre des seconds. (II, 378-8.) Diderot juge cependant nécessaire d'établir une différence de valeur entre ces deux états psychiques. Les affections, étant propres aussi bien aux animaux qu'à nous, sont des « états faibles ». « La sensibilité n'est qu'une forme du mouvement. Elle est inerte dans la statue, active dans l'homme. » (IX, 116.) Les affections, propriété de la matière, doivent donc être contrôlées par la raison, par cet « état fort », qui est, d'après Diderot, le juge suprême devant lequel doit s'incliner l'humanité. Dès lors, l'homme est essentiellement « un animal qui combine des idées » (IX, 372), et c'est à ce titre seulement qu'il est considéré comme supérieur aux animaux.

***

A l'égard de la liberté, sa croyance un peu confuse, paraît être celle-ci : Tout est déterminé par les lois de l'univers et par la nature des forces en jeu. Il n'y a donc point en l'homme de pouvoir indéfini, illimité, qui lui permette de changer tout à coup le cours des évènements ou son propre caractère, comme par l'intervention d'une puissance surnaturelle. Mais comme Leibniz (1), il ne voit rien dans cet enchaînement logique des effets et des causes qui empêche l'homme d'agir sur lui-même et l'éducateur de modifier l'enfant. Bien plus, ce sont ces lois elles-mêmes qui rendent l'action possible. La liberté qu'on ne peut admettre est celle qui ferait de l'homme un tout séparé et complet, un empire dans un empire. A Landois, qui lui écrivait qu'il suffit d'un acte de liberté pour passer d'une vie d'immoralité à une vie de vertu, Diderot répond : N'en croyez rien; il ne suffit pas pour être bon de dire je veux l'être. « Le pli est pris, il faut que l'étoffe le garde... Regardez-y de près et vous verrez que le mot liberté n'est qu'un mot vide de sens. » (XIX, 435.) C'est donc dans un déterminisme raisonnable que se trouve la condition de l'éducabilité. Il est à remarquer que c'est dans la *Réfutation de l'Homme d'Helvétius* que Diderot définit d'une façon précise la valeur de l'éducation. Dans cet ouvrage, Diderot manifeste le plus grand bon sens; aussi, est-il pour nous de première importance. Pour avoir sa conviction intime concernant surtout tout problème pédagogique, c'est donc à la *Réfutation* que nous aurons recours. Toutes les idées, émises ailleurs, ne peuvent être considérées comme siennes, que dans la mesure où elles concordent avec celles de la *Réfutation* (2). En effet, si après avoir modifié beaucoup ses conceptions absolues concernant soit le fatalisme, soit la

(1) Diderot qui connaît de très près Leibniz (voir *Papillon* : « *Histoire de la philosophie dans ses rapports avec le développement des sciences* », surtout le chapitre intitulé « *Diderot commentateur de Leibniz*, p. 191-201), comme le montre son article *Leibnizianisme* dans l'Encyclopédie, présente beaucoup d'analogie avec l'auteur de *l'Harmonie préétablie*, dont il emprunte souvent les termes mêmes : consultez par exemple son article *Liberté* dans l'Encyclopédie, où il définit la liberté essentiellement par *l'intelligence*, la *contingence* et la *Spontanéité* (XV, 500).

(2) Voir sur la valeur inégale des textes de Diderot dans la Ire partie de ce travail, ch. I, p. 20 et suiv.).

liberté, Diderot aboutit enfin, dans son fameux article *Liberté* à un déterminisme sage, c'est que cette conception toute scientifique est précisément celle qu'il soutient d'un bout à l'autre dans sa *Réfutation*. « La vertu et le vice dépendent, dit-il, de ma volonté », mais il ajoute tout de suite : « Je ne nierai pourtant pas que le tempérament n'y contribue beaucoup; et ordinairement on se fie plus à une vertu qui est naturelle qu'à celle qui est un pur effet de la raison et qu'on a acquise à force de soins. » (XV, 501.) Certes, il faut garder la liberté, sans laquelle « la nature humaine est renversée et il n'y a aucune trace d'ordre dans la société », mais il ne faut pas oublier non plus que la liberté, « ce pouvoir de l'âme sur les inclinations est souvent une puissance qui ne peut être exercée que d'une *manière indirecte*. A la vérité, les actions externes qui ne surpassent point nos forces dépendent absolument de notre volonté, mais nos volitions ne dépendent de la volonté que par certains détours adroits qui nous donnent moyen de suspendre nos résolutions ou de les changer. Nous sommes les maîtres chez nous, *non pas comme Dieu dans le monde*, mais comme un prince *sage* l'est dans ses états, ou comme un *bon* père l'est dans son domestique ». (*Ibid.*)

C'est dans ce déterminisme très raisonnable que se trouve exprimée, à n'en pas douter, la vraie pensée de Diderot, qui seule explique sa foi ardente dans l'efficacité de l'éducation. Si, en effet, les actions des hommes ne s'enchaînaient pas, s'il était impossible de prévoir en quelque sorte les conséquences de nos actions présentes dans un avenir plus ou moins rapproché, il faudrait renoncer à tenter d'élever la jeune génération à sa destinée future. « Nous ne sommes que ce qui convient à l'ordre général, à l'organisation, à l'éducation et à la chaîne des évènements... Quoique l'homme bien ou malfaisant ne soit pas libre, l'homme n'en est pas moins un être qu'on modifie. » (XIX, 435-6.) (1).

(1) Nous comprendrons mieux peut-être la justesse et la portée de cette conception de Diderot en la rapprochant de celle de Marion, exposée dans le

***

L'éducation, étant le passage d'un état indéterminé à un état fixe, exige forcément, disions-nous, une certaine activité spontanée de l'âme pour qu'elle soit efficace. La liberté déterministe de Diderot, que nous venons d'exposer, trouve-t-elle dans la nature de l'individu les conditions nécessaires pour s'exercer efficacement ?

Le problème que nous soulevons ici est le fameux problème de l'innéité des facultés que nous avons ajourné intentionnellement. Nous avons vu que Diderot reconnaissait en nous un pouvoir réel d'agir sur nous-mêmes. Nous savons aussi que ce pouvoir spontané est entravé par des obstacles de toute sorte, notamment par notre propre nature et c'est pourquoi il voulait précisément qu'on se fiât plus « à une vertu qui est naturelle qu'à celle qui est un pur effet de la raison, acquise à force de soins ». (*Ibid.*) Or, si l'on admet certaines formes *a priori* dans les facultés originelles jusqu'à quel point l'éducation reste-t-elle possible ? Si ces facultés existent de toutes pièces dans l'âme de l'enfant, l'éducation n'est-elle pas condamnée à l'impuissance là où ces facultés font défaut ? Quels secours peut-on attendre de l'éducation,

passage suivant où on voit une analogie frappante entre notre philosophe et l'auteur de *La Solidarité Morale*. « Il serait presque aussi dangereux d'en méconnaître (de la liberté) les bornes que de la nier. On en parle souvent comme d'un pouvoir absolu, n'ayant jamais à compter avec rien, capable de n'importe quelle résolution à n'importe quel moment. Rien de plus faux que cette conception, rien de plus préjudiciable à la moralité. A quel point elle est funeste, on le comprendrait vite, si les moralistes n'avaient pas coutume d'appeler exclusivement l'attention sur les dangers du fatalisme. Mais il ne faut pas qu'une vérité importante nous empêche d'en voir une autre. Il n'y aurait point de moralité si notre vouloir n'était jamais libre à aucun degré, c'est ce que tout le monde sait et répète, mais que deviendrait d'autre part la moralité, si tout le monde se figurait, comme semblent l'enseigner certains philosophes, que la liberté demeure toujours entière quoique l'on fasse, qu'elle ne dépend d'aucune condition, ne peut être entamée, ni compromise, survit à toutes les fautes ?

(H. MARION : *De la Solidarité Morale* : 5e édition, p. 39-40).

si les facultés existantes sont défectueuses, et le sont-elles à l'origine ?

Que l'homme en naissant apporte avec lui certaines dispositions (1), c'est ce qui paraît évident. « Il est rare qu'on n'ait pas une passion dominante, plus rare qu'on soit également dominé par deux, tout aussi rare qu'une passion dominante ne soit pas décelée à un œil attentif dès les premières années de la vie, longtemps avant l'âge de la raison. » (II, 379.) Mais dans quelle mesure cette passion est-elle inaltérable ? Diderot n'admet pas la doctrine de l'innéité des prédispositions, telle que l'entendent par exemple certains psychologues modernes pour lesquels tous les criminels sont des criminels-nés; l'occasion seule mettant une différence entre les uns et les autres. Ceux-ci croient que tout homme a son caractère préformé dès la naissance, comme dans certaines familles de musiciens, de peintres ou de mathématiciens. Diderot aurait rejeté sans hésiter de pareilles conceptions. D'après lui, ce qu'il y a en nous d'inné, ce sont certaines prédispositions naturelles à telle ou telle chose; dispositions non pas toutes développées, mais capables de développement ou d'atrophie. « Chacun naît, dit-il, avec une aptitude propre à quelque chose. » (II, 206 et 378-9.) L'éducation n'est donc nullement pour cela condamnée à l'impuissance, du moins pour les personnes communément bien organisées. Il est vrai qu' « on ne donne point ce que la nature a refusé » (II, 408), mais « on détruit ce qu'elle a donné ». (*Ibid.*) Et comme il n'y a personne communément bien organisé qui ne naisse « avec une aptitude propre à quelque chose », il s'ensuit que l'éducation a prise à peu près sur

(1) « Au moment où l'enfant se détache, avait dit Helvétius, des flancs de sa mère et s'ouvre les portes de la vie, il y entre sans idées et sans passion » — « Sans idées, il est vrai, lui fait remarquer Diderot, mais avec une disposition propre à en concevoir, à en comparer, à en retenir certaines avec plus de goût et de facilité que d'autres ; non sans passion exercée, je l'ignore ; sans passions prêtes à se développer, je le nie » (II. 378-9).

tout le monde, avec cette restriction cependant que si la personne à éduquer n'est pas douée des germes du génie ou d'une richesse morale et intellectuelle, elle ne les lui donne pas d'elle-même.

Reste à savoir si l'éducation a encore prise sur une disposition naturelle qui est essentiellement mauvaise, ou comme le disait très énergiquement Montaigne, « sur un enfant mal né ». Ici encore Diderot n'est pas pessimiste, quoique certains passages de son *Neveu de Rameau* ou quelques-unes de ses autres œuvres puissent nous le laisser croire. « Est-ce que vous ne vous occuperez pas sérieusement d'arrêter en lui (en votre enfant), demande Diderot à Rameau, l'effet de la maudite molécule paternelle ? — « Je travaillerais, je crois *bien inutilement*, lui répond Rameau; s'il est destiné à devenir un homme de bien, je n'y nuirai pas; si la molécule voulait qu'il fût un vaurien, comme son père, les peines que j'aurais prises pour en faire un homme honnête lui seraient très *nuisibles*. L'éducation croisant sans cesse la pente de la molécule, il serait tiré comme par deux formes contraires et marcherait tout guingois dans le bien et dans le mal. Avant que la molécule paternelle n'eût repris le dessus et ne l'eût amené à la parfaite abjection où je suis, il lui faudrait un temps infini, il perdrait les plus belles années. Je n'y fais rien à présent, je le laisse venir, je l'examine; il est déjà gourmand, paresseux, menteur, je crains bien qu'il ne chasse de race. » (V, 469.) Il dit encore ailleurs sur le même ton : « Il y a certaines actions de l'enfance où toute la destinée d'un homme est écrite. » (II, 250.)

Ce pessimis semblerait être, au moins pour les « natures mal nées », comme les Rameau, la dernière conclusion de Diderot; en fait, il n'en est rien. Car bien qu'il ait dit qu' « il est impossible de déplacer la stupidité » (II, 278), que l'éducation est *inutile* pour ceux dont les « molécules paternelles sont mauvaises et incorrigibles », Diderot croit, jusqu'à un certain point, à l'efficacité de l'éducation même pour les enfants « mal nés ». L'office de l'éducation étant, d'après lui, d' « adoucir les caractères, d'éclairer sur les devoirs, de subtiliser les vices (1) », ou « de les étouffer », et comme il dit ailleurs, d' « inspirer l'amour de l'ordre, de la justice et des vertus, et d'accélérer le bon goût dans toutes les choses de la vie » (II, 216), on voit bien le résultat auquel l'éducation des « mal nés » peut aboutir. Si elle ne peut pas faire du premier venu un grand génie (2), elle peut au moins en faire quelque chose en « tenant compte de sa faiblesse, de sa santé, de sa maladie, bref, de toutes ses qualités physiques et morales qui diversifient son tempérament ». (*Ibid.*) « L'avantage de l'éducation consiste donc à perfectionner l'aptitude naturelle, si elle est bonne, à l'*étouffer* si elle est mauvaise. » (II, 410.) Ceci n'est guère possible cependant qu'en appliquant le sujet « à la chose à laquelle il est propre : à l'érudition, s'il est doué d'une grande mémoire; à la géométrie, s'il combine facilement des nombres... » (II, 374-5), et non pas en voulant faire du premier enfant ce qu'il plaît à ses parents d'en faire. » — Nous nous trouvons donc en présence d'une éducation négative qu'a esquissée Diderot pour des natures dont les dispositions ne seraient pas bonnes. Quant à la *partie positive*, sans pousser les choses jusqu'à adopter les paradoxes d'Helvétius sur la perfectibilité indéfinie de l'esprit humain par le moyen de l'éducation, — théorie d'ailleurs trop simpliste pour Diderot qui se délecte à la réfuter éloquemment, — Diderot croit fermement à l'effica-

(1) Il est curieux de constater que Montaigne tient à peu près le même langage à ce propos : « Son mestier (de l'éducation) est non de lyu (à l'enfant) fournir, de veue, mais de la luy dresser, de luy régler ses allures, pourvu qu'il ayt de soy les pieds et les jambes droites et capables ». Essais, I, ch. XXIV, 108). « La coutume (entendez par là l'éducation aussi) dit-il encore ailleurs, n'extirpe pas les qualités originales, elle les *couvre*, elle les *cache* ». (III. ch. II, 194).

(2) « L'art de convertir le plomb, dit Diderot à ce propos, en or est une alchimie moins ridicule que celle de faire un Régulus du premier venu ». (II. 280).

cité morale de l'éducation et cette partie seule suffirait pour démontrer que l'éducation a prise sur l'immense majorité des gens à laquelle elle s'adresse; qu'elle peut même rendre une mauvaise aptitude sans vigueur (1); et qu'elle en peut perfectionner une bonne, qui, sans elle, pourrait très facilement se déplacer et dégénérer (2). « L'exercice fortifie les organes, l'inaction les détruit : liez à un enfant un de ses bras en naissant, faites qu'il ne serve point, et vous réduirez le membre à rien. Pareillement une disposition naturelle à quelque vice, à quelque vertu, à quelque talent, à force d'être contrariée, peut être anéantie. L'organe reste, mais sans vigueur. » (II, 240.)

Si nous considérons non plus l'individu mais la nature humaine en général, nous aurons à faire les mêmes réserves. Y a-t-il une perversité ou une bonté originelles ? Dans un cas comme dans l'autre, l'éducation serait bien peu efficace. Si l'enfant naissait corrompu, elle devrait, sinon abdiquer, au moins, revêtir un caractère d'hostilité contre lui, et du même coup les mots « éducation » et « châtiment » devraient continuer à être synonymes. Si, au contraire, comme le veut Rousseau, « tout est bon sortant des mains de l'auteur des choses », il semble qu'il n'y ait qu'à suivre la nature, ou plutôt à la laisser faire. — Mais comme nous le savons déjà, telle n'est pas la conclusion de Diderot pour qui il n'y a rien de si rare qu'un homme tout à fait méchant. si ce n'est peut-être un homme tout à fait bon. » (VII, 156.) « L'homme est-il bon ou méchant, me demandez-vous ? » dit-il à Helvétius. « Si l'on ne peut donner le nom de bon qu'à celui qui a fait le bien, et le nom de méchant qu'à celui qui a fait le mal,

(1) « Ce que la nature a bien fait, la mauvaise habitude peut gâter ; le défaut d'exercice peut le détruire ; comme l'un et l'autre peuvent *rectifier* ce qu'elle a mal fait » (II. 370).

(2) « L'homme naît toujours ignorant, très souvent sot ; et quand il ne l'est pas, rien de plus aisé que de le rendre tel, ni malheureusement de plus conforme à l'expérience ». (II. 277).

assurément l'homme, en naissant, n'est ni bon ni méchant. J'en dis autant de l'esprit et de la sottise. Mais l'homme apporte-t-il en naissant des dispositions organiques et naturelles à dire et faire des sottises, à se nuire à lui-même et à ses semblables, à écouter ou négliger les conseils de ses parents, à la diligence et à la paresse, à la justice et à la colère, au respect ou au mépris des lois ? — Il n'y a que celui qui n'a jamais vu deux enfants en sa vie qui puisse en douter. L'homme ne naît rien, mais chaque homme naît avec une aptitude propre à une chose. » (II, 406.)

L'éducation est donc possible. Mais elle n'est pas toute puissante, comme le voulait Helvétius : il y a des limites qui l'arrêtent à un moment donné et la condamnent à une impuissance relative. Diderot reproche très sévèrement à Helvétius son paradoxe favori, à savoir : « l'éducation seule fait toute la différence entre les individus à peu près bien organisés », différence, dit Diderot, « dans laquelle il (Helvétius) ne fait entrer aucune des *qualités physiques et morales* qui diversifient les tempéraments et les caractères ». (II, 276.)

Le système éducatif est, d'après Helvétius, comme un système mécanique. Que le mécanisme soit bon, bien adapté à son objet, habilement manié, on doit en obtenir tous les résultats en vue desquels il fonctionne. Placez l'enfant dans un concours de circonstances que vous choisirez, qu'au besoin vous ferez naître, dirigez sur lui le jeu savamment combiné de ces forces extérieures, il est impossible qu'il n'en soit pas modifié dans le sens que vous aurez déterminé. Et il dépend de vous qu'il en soit non seulement modifié, mais perfectionné. Tel est, en gros, le sens général de la théorie de la perfectibilité indéfinie qu'a prêchée Helvétius, bien avant Condorcet, dans son livre plein de paradoxes, intitulé *De l'Homme et de ses Facultés*. Diderot est agacé par les sophismes d'Helvétius qu'il tient à réfuter pied à pied. Que le principe de l'éducabilité de l'enfant ne soit pas une chimère, c'est ce que nous montrent sans cesse la vie pratique et la science, mais conclure de là qu' « une bonne éducation ferait un grand homme, un Annibal, un Alexandre, d'un individu quelconque » (HELVÉTIUS : *L'Homme*, sect. I, ch. II, 18), c'est une erreur pure et simple. « Si Helvétius eût bien pesé, dit-il, ces expressions de caractère antérieur à toute éducation, de l'âge de la jaquette et des osselets, il eût senti que c'est la nature qui fait ces enfants-là et non l'éducation. L'art de convertir le plomb en or est une alchimie moins ridicule que celle de faire un Régulus du premier venu. » (II, 280.) Si Helvétius avait envisagé les choses de plus haut, il aurait donc constaté que les hommes subissent dès leur berceau des influences irrésistibles qui échappent complètement à l'action de l'éducateur.. — Ces influences qui limitent, d'après Diderot, la puissance de l'éducation, peuvent se grouper sous deux chefs : *influences physiques d'un côté; influences intellectuelles et morales*, de l'autre.

Les *influences physiques* limitent la puissance de l'éducation de deux manières : 1° Elles la limitent tout d'abord par la différence du tempérament et de la constitution organique de l'enfant. « L'éducation ou les hasards rendront-ils passionnés, demande Diderot à Helvétius, les hommes nés froids ? Les passions ne sont-elles pas des effets de tempérament et le tempérament est-il autre chose que l'organisation ? Vous aurez beau prêcher celui qui ne sent pas, vous soufflez sur des charbons éteints; s'il y a une étincelle, votre souffle pourra susciter de la flamme; il faut que la première étincelle y soit... » (II, 292.) 2° Mais les conditions physiques : le climat et le milieu (1) où vit l'enfant à éduquer, limitent aussi la puissance de l'éducation, et même d'une façon consi-

(1) « Les habitants de ce pays (Langres) ont, dit Diderot dans une lettre à Mlle Volland, beaucoup d'esprit, trop de vivacité, une inconstance de girouettes ; *cela vient, je crois, des vicissitudes de leur atmosphère* qui passe en vingt-quatre heures du froid au chaud, du calme à l'orage.... Il est *impossible* que les effets ne se fassent pas sentir sur eux, et que leurs âmes soient quelque temps de suite dans une même assiette. Elles s'accoutument ainsi, dès la plus tendre enfance, à tourner à tout vent ». (XVIII. 376).

dérable. Irrité par cette réflexion d'Helvétius que « la différence de la latitude n'a aucune influence sur les esprits » (HELVÉTIUS : *L'Homme*, sect. I, ch. XII, 137), Diderot fait une analyse sommaire, mais très substantielle, de l'influence de plusieurs facteurs physiques sur l'éducation. « Les jours de chaleur, lui dit-il, nous accablent, et nous sommes incapables de travailler et de penser. Si le climat et les éléments influent sur les corps, ils influent nécessairement sur les esprits. Il n'y a presque pas un homme, dans quelque contrée que ce soit, dont l'humeur ne se ressente plus ou moins de l'état nébuleux ou serein de l'atmosphère. Ne donnons pas trop d'énergie à ces causes, mais n'en réduisons pas l'effet à rien... Les hommes de la montagne sont secs, musculeux et courageux. Les habitants de la plaine sont gras, lâches, mous et replets... Comment ! le local exercera si puissamment son empire sur la machine entière, et l'âme qui n'en est qu'une portion et l'esprit qui n'est qu'une qualité de l'âme, et les productions de l'esprit en tout genre ne s'en ressentiront pas ! C'est qu'il est bien difficile de faire de la bonne métaphysique et de la bonne morale sans être anatomiste, naturaliste, physiologiste et médecin. » (II, 321.) Toutes ces conditions physiques ne sont pas, d'après Diderot, au pouvoir de l'éducation.

L'éducation est limitée encore dans une mesure plus ou moins large par des *influences intellectuelles et morales*, par la nation à laquelle on appartient, la famille dont on fait partie, bref, en empruntant l'expression de la pédagogie herbartienne, par « le commerce des hommes ». Comme nous l'avons déjà vu, l'éducation ne peut pas « déplacer la stupidité ! » (II, 278.) Il faut donc des aptitudes natives, « des passions », comme dit Diderot, pour que l'éducation ne soit pas stérile. Si à celle-ci on ajoute d'autres aptitudes acquises par le moyen des sens, par le contact direct ou indirect avec les êtres qui entourent l'enfant à éduquer, une physionomie distincte, et des traits physiques et moraux également distincts, on comprend bien que la puissance illimitée de l'éducation soit une chimère. L'éducateur doit prendre l'enfant tel quel, sans songer à violenter sa constitution originelle ou acquise sur laquelle l'éducation n'a pas une très grande prise.

C'est précisément pour toutes ces raisons que Diderot rectifie les exagérations d'Helvétius sur la toute puissance de l'éducation. « Helvétius dit : l'organisation ne fait *rien*. — Dites : l'organisation fait *moins* qu'on ne le pense. Il dit : *tous* ceux qui entendent une vérité l'auraient pu découvrir. Dites : *Quelques-uns*. Il dit : Il n'y a *aucune* vérité qui ne puisse être mise à la portée de *tout le monde*. Dites : Il y en a *peu*. Il dit : L'intérêt supplée *parfaitement* au défaut de l'organisation. Dites *plus ou moins*. Il dit : L'éducation fait *tout*. Dites : L'éducation fait *beaucoup*. » (II, 356.)

De ce passage très caractéristique, on voit bien en quel sens, d'après Diderot, l'œuvre de l'éducation est limitée. La confiance de Diderot en l'éducation est donc basée sur la psychologie même de l'enfant, et partant, elle est bien loin d'être illimitée. L'éducation est conditionnée, d'après notre philosophe, par l'individualité tout entière de l'enfant : par son organisation physique et par ses prédispositions intellectuelles et morales (1). C'est donc dans ces limites que la pédagogie doit poser un but à l'éducation.

(1) La pensée de Rousseau, sur les limites de l'éducation, présentant de notables analogies avec celles de Diderot, nous croyons qu'il n'est pas sans intérêt de la résumer ici.

« Dans l'éducation, dit l'auteur de l'Emile, collaborent trois facteurs : la nature, les hommes et les choses.

« Le développement interne de nos facultés et de nos organes est l'éducation de la nature qui ne dépend pas de nous ».

L'éducation par les hommes, c'est « l'usage qu'on nous apprend à faire du développement de nos facultés ». C'est « la seule dont nous soyons vraiment les maîtres : encore ne le sommes-nous que par supposition, car qui est-ce qui peut espérer de diriger entièrement les discours et les actions de tous ceux qui environnent un enfant ».

L'éducation par les choses est « l'acquis de notre propre expérience sur les objets qui nous affectent : cette éducation ne dépend de nous qu'à certains égards ».

La conclusion de Rousseau, qui est à peu près analogue à celle de Diderot,

CHAPITRE II

LA MORALE DE DIDEROT ET LE BUT DE L'ÉDUCATION

Si une des bases de toute pédagogie est une psychologie qui en démontre la possibilité, la morale en est une autre non moins importante qui lui marque le but à atteindre. Sans doute, l'expression de la morale de Diderot (1) est très vague, et, comme ses conceptions psychologiques, se présente sous plus d'une forme. Mais un certain nombre de jugements essentiels se font jour à travers cette variété de points de vue. Avant d'exposer les conceptions morales les plus profondes de Diderot, celles qui assignent un but à l'éducation, il n'est pas sans intérêt, du moins au point de vue historique, d'esquisser très rapidement ses autres conceptions morales, bien qu'il n'en ait pas fait usage pour sa pédagogie.

La morale qu'a laissé voir Diderot dans ses boutades philosophiques, comme le *Supplément au voyage de Bougainville*, l'*Entretien d'un Philosophe avec la Maréchale de Broglie* et quelques-unes de ses lettres, est une *morale naturaliste* des plus audacieuses. La nature ne se soucie ni du bien ni du mal, elle n'est toute qu'à deux fins : la conservation de l'in-

est celle-ci : l'éducation est possible à condition qu'elle renferme dans certaines limites et qu'elle se conforme à la nature.

(1) Les conceptions morales de Diderot sont dispersées un peu partout dans ses œuvres, notamment dans les suivantes : 1° *Essai sur le mérite et la vertu* ; 2° *Epîtres et discours préliminaires* ; 3° Quelques-unes de ses lettres adressées à divers personnages ; 4° *Essai sur les règnes de Claude et de Néron* ; 5° Quelques-uns des articles de l'Encyclopédie ; 6° *Pensées philosophiques* ; 7° *Entretien d'un philosophe avec la Maréchale de Broglie* ; 8° *Le Supplément au voyage de Bougainville* ; 9° *Réfutation de l'Homme d'Helvétius* ; 10 *Le Plan d'une Université.*

dividu et la propagation de l'espèce. » (XIX, 39.) Dès lors, la pudeur, la fidélité, la prohibition de l'adultère et de l'inceste, bref, toutes les prescriptions de la morale sexuelle ne sont, d'après l'auteur du *Supplément au Voyage de Bougainville*, que d'inutiles superstitions et de la tyrannie. (II, 223, 243 et suiv.) Comment une morale contraire à la nature, se demande Diderot, serait-elle née autrement que par la ruse et l'arbitraire des souverains ? Examinez bien toutes les institutions politiques, morales, civiles et religieuses, et je me trompe fort, ou vous y verrez l'espèce humaine pliée, de siècle en siècle, au joug qu'une poignée de fripons se permettait de lui imposer. (II, 245-50.)

Diderot ne peut cependant pas accepter toutes les conséquences de cette doctrine, si peu conforme soit à ses conceptions morales les plus solides, soit surtout à sa vie privée. Aussi, l'homme de première impulsion qu'il y a en lui cède-t-il au philosophe de bon sens et surtout à l'homme pratique qui traite d' « absurdité » ce même aphorisme de Pope que « tout est bien dans le monde ». Pope aurait dû se contenter de dire que « tout est nécessaire, même le mal ». (II, 85.) « J'ai fait tout mon possible, dit Diderot, pour concevoir un monde sans mal et je n'ai jamais pu y parvenir. (*Ibid.*) Dès lors, comme le mal est inévitable, et que l'état de nature n'est qu'un paradis perdu pour les philosophes « du siècle des lumières » en général et pour Diderot en particulier, il faut bien, bon gré ou mal gré, avoir une morale, une règle de conduite, ne fût-ce que pour garantir l'ordre dans les groupements sociaux. Ce n'est donc pas dans son naturalisme qu'il faut chercher les vraies conceptions morales de Diderot.

Pourrons-nous les trouver dans cette théorie sur les « passions fortes », que Diderot considère, au moins à un moment donné de l'évolution de sa pensée, comme l'unique mobile de toute belle action ? Si on ne peut dire « ni trop de bien ni trop de mal des passions », de cet élément constitutif de l'homme, il ne faut cependant pas oublier que les fortes passions seules peuvent « élever l'âme aux grandes choses. Sans elles, plus de sublime, soit dans les mœurs, soit dans les ouvrages ». (I, 127, *Pensées philosophiques*, p. 1.) « Les arts du génie, dit encore Diderot ailleurs, naissent et s'éteignent avec elles;... Si les actions atroces, qui déshonorent notre nature, sont commises par elles, c'est par elles aussi qu'on est porté aux tentatives merveilleuses qui la révèlent. L'homme médiocre vit et meurt comme la brute; il n'a rien fait qui le distinguât pendant qu'il vivait... D'ailleurs, les suites de la méchanceté passent avec les méchants, celles de la bonté restent. S'il faut opter entre Racine méchant époux, méchant père, ami faux et poète sublime, et Racine bon père, bon époux, bon ami et plat honnête homme, je m'en tiens au premier. De Racine méchant, que reste-t-il ? Rien. De Racine, homme de génie ? L'ouvrage est éternel. » (XIX, 87.) — On voit bien que Diderot veut, avant tout, l'homme complet, l'homme avec toutes ses faiblesses, mais aussi avec toutes ses forces, c'est-à-dire avec toutes ses passions, bonnes ou mauvaises, dont « les conséquences seules le choquent » (XIX, 87) et « dont il a été de tout temps un apologiste ». (XIX, 87). Sans chercher les vraies conceptions morales de Diderot dans ce panégyrique des « passions fortes », nous pouvons y reconnaître le goût de Diderot pour les entreprises grandioses et les œuvres exceptionnelles. S'il ne veut pas qu'on dise trop de mal « des passions, c'est que ce sont elles qui donnent naissance à des chefs-d'œuvre de toute espèce; ce sont elles qui l'ont conduit lui-même à entreprendre l'Encyclopédie : comme nous l'avons vu (Voir Ire partie, ch. I, p. 22), après la passion d'acquérir les idées, il n'en avait pas de plus vive que celle de les communiquer aux autres. Si les passions fortes sont en même temps la cause génératrice des actions mauvaises, on ne saurait cependant les repousser : on n'en estime pas moins une rose parce qu'elle a des épines. Ce goût du grand répond donc sans aucun doute à quelque chose dans la pensée complexe de notre philosophe, mais il ne l'a pas précisé davantage. Aussi, ne pouvons-nous pas le considérer comme une de ses conceptions les plus profondes, d'autant plus qu'il ne lui est pas indifférent que les « passions fortes » des hommes leur inspirent du mal ou du bien.

Cette considération nous conduit à marquer un des caractères les plus solides de la morale de Diderot : elle est nettement décidée sur l'existence du bien et du mal, qui se résument pour lui dans le goût de l'ordre.

« Le goût de l'ordre en général nous domine dès la plus tendre enfance... il agit en nous sans que nous nous en apercevions; c'est le germe de l'humanité et du bon goût; il nous porte au bien tant qu'il n'est pas gêné par la passion. » (VI, 127, *Second Entretien*). On voit bien ici l'influence de la philosophie anglaise au XVIIIe siècle sur Diderot, puisqu'il admet implicitement l'existence en nous d'un sens moral qu'il appelle « instinct moral ». « Les hommes ont, dit-il, une étrange opinion de la vertu : ils croient qu'elle est à leur disposition et qu'on devient honnête homme du jour au lendemain... Mais on ne quitte pas une habitude vicieuse comme une chemise. » (XVIII, 403.) En formulant son idéal moral, il dira encore un peu plus loin : « Faire le bien, connaître le vrai, voilà ce qui distingue un homme d'un autre; le reste n'est rien. La durée de la vie est si courte, ses vrais besoins sont si étroits, et quand on s'en va, il importe si peu d'avoir été quelqu'un ou personne ! Il ne faut, à la fin, qu'un morceau de toile... Cette façon de penser tient... au peu de différence que je mets, quant au bonheur, entre le maître de la maison et son portier. » (XVIII, 431 et suiv.)

Cet idéal moral de Diderot atteint même, à certains moments, une telle hauteur qu'on peut le rapprocher des systèmes de morale les plus idéalistes. Dans l'évolution de la pensée de Diderot, l'idée de la vertu devient cette pierre de touche qui nous fait « songer au devoir et oublier la vie », ou bien elle ne nous fait songer à la vie que lorsque *le devoir l'ordonne.* (III, 111, *Essai sur les Règnes de Claude et de Néron.*) Il dit encore ailleurs à ce sujet : « Telle est l'autorité imposante de la vertu dans toutes les contrées de la terre que plus elle est rare, plus on a de la vénération pour elle. Elle meurt de froid et de faim, mais on la loue. » (II, 390.) Pour quel motif loue-t-on cette vertu ? Serait-ce à cause du bonheur auquel elle nous conduit ? Et alors, ne serait-il pas « insensé » de la suivre, si elle nous éloignait de la route du bonheur ? » (II, 88.) Mais ce n'est pas ainsi qu'il faut poser la question. Ce qu'on appelle communément bonheur ou malheur n'a qu'une source unique, « le témoignage de soi, qui fait la félicité de l'homme de bien parmi les persécutions et les disgrâces, et le tourment du méchant, au milieu des faveurs de la fortune. » (II, 88, Note à l'*Introduction des Grands Principes.*) Dès lors, on comprend la portée du conseil que Diderot donne à Dorval, dans son *Fils Naturel.* « Quelque fortune que vous accumuliez, Dorval, lui dit-il, si la vertu manque à vos enfants, ils seront toujours pauvres. On s'y attache (à la vertu) plus encore par les sacrifices qu'on lui fait que par les charmes qu'on lui croit; et malheur à celui qui ne lui a pas assez sacrifié *pour la préférer à tout; ne vivre, ne respirer que pour elle;* s'enivrer de sa douce vapeur, et trouver la fin de ses jours dans cette ivresse... » (VII, 69) (1). Ce qui est à remarquer à ce propos, c'est que chaque fois que Diderot a été amené à parler de la vertu, il a montré le même enthousiasme, la même conviction sincère, même dans ses lettres à Mlle Volland qu'il barbouillait pourtant sans autre intention que d'exprimer ce qu'il sentait au moment même. Il dit dans une de ces lettres : « Indépendamment de toutes ces vues d'intérêt, nous avons une notion, un goût de l'ordre auquel nous ne pouvons résister, qui nous

(1) Dans le même esprit Montaigne avait dit en empruntant le mot à Sénèque : « La vertu est trop noble pour rechercher d'autre loyer que de sa propre valeur ». (Essai : livre II, ch. XVI). Diderot cite ce mot de Montaigne dans une lettre à Falconnet (XVIII, 170).

entraîne malgré nous. Toute belle action n'est jamais sans quelque sacrifice, et il nous est impossible de ne pas rendre hommage à celui qui se sacrifie; quoi qu'en nous sacrifiant, nous ne fassions pourtant que ce qui nous plaît davantage, nous sommes portés avec raison à honorer ceux qui se départent des avantages les plus précieux pour celui de faire le bien et de s'en estimer davantage des autres. » (XIX, 260.) C'est encore sur le même ton qu'il écrit à Falconet, ton qui nous rappelle, quoique vaguement, l'impératif catégorique de Kant (1) : « Il faut, lui dit-il, faire le bien pour l'amour du bien même, et non pas à cause de l'estime qui en pourrait revenir; de sorte que quand bien même une bonne action devrait nous procurer du déshonneur, il faudrait toujours le faire. » (XVIII, 191.)

Mais le bien et le mal, dont la morale de Diderot admet l'existence, la vertu, cette « seule habitude qu'on puisse contracter sans crainte pour l'avenir » (VII, 184), qu'elle nous commande, différait sur bien des points de ceux des morales idéalistes. Pour Diderot, l'origine de toute règle morale se trouve dans cette nécessité de maintenir l'ordre dans les groupements sociaux plus ou moins organiques (le groupement des races, des tribus, par exemple), laquelle nécessité donne naissance à des règles de conduite dont la société punit la violation par la réprobation publique. Dès lors, « le mal, ce sera ce qui a plus d'inconvénients que d'avantages, et le bien, ce qui a plus d'avantages que d'inconvénients. » La conception du bien en soi des morales idéalistes disparaît plus nettement encore dans cette idée de Diderot, qu'il faut être vertueux parce que « la vertu procure la richesse et la considération » (II, 253) et que le chemin du bonheur est le chemin même de la vertu. (II, 88.) Ces deux notions de bonheur et d'utilité sont les idées maîtresses de sa morale. Certes, à certains

(1) C'est ici sans doute un souvenir du mot de Sénèque : *gratuita es virta* que Kant va bientôt reprendre pour formuler son impératif catégorique.

moments de l'évolution de sa pensée, Diderot ne tient compte que de l'utilité immédiate et matérielle en quelque sorte et du bonheur purement individuel, comme par exemple dans un article critique sur l'ouvrage d'un M. de Valmire. (IV, p. 93.) Il y déclare, par exemple, que la vertu, la bienfaisance, le sacrifice ne sont que des *moyens* pour atteindre le bonheur et que le monde moral est tellement lié au monde physique qu'il n'y a guère d'apparence que ce ne soit une seule et même machine. (IV, 93.) Il émettra les mêmes opinions par la bouche de Rameau (V, 474) et dans une lettre.

Mais cette idée étroite de Diderot est nettement en désaccord avec ses conceptions morales les plus profondes, celles qui sont contenues dans sa morale sociale, et surtout avec les actes de sa vie privée. Cette vie pleine de dévouements et de sacrifices, ne permet guère, en effet, de laisser croire que Diderot ait pris la vie « pour la mesure la plus forte de l'intérêt de l'homme ». (III, 541.) Du reste, Diderot lui-même s'est aperçu qu'il n'était pas toujours possible de suivre cette morale d'intérêt étroit; aussi, l'a-t-il abandonnée sans trop de peine chaque fois qu'il s'est trouvé en présence de la morale sociale courante. Il y a plus. Diderot s'était bien aperçu qu'une ville ne serait pas habitable si tous les citoyens avaient cette morale égoïste. Et puis, sa morale sociale est exposée longuement et presque d'une façon exclusive dans celles de ces œuvres qui sont, pour nous, d'une importance particulière (1). Là il abandonne complètement sa morale purement utilitaire, en identifiant très habilement le bonheur avec la vertu : puisque le bonheur est conditionné par la vertu et que la vertu par excellence, c'est la justice elle-même (III, 313), pourquoi ne pas considérer la morale comme une « science qui fait découler de l'idée du vrai bonheur et des rapports actuels de l'homme avec ses semblables ses devoirs et toutes les lois justes? (III, 490-1.) Et, en effet, si Diderot a dé-

(1) Voir sur ce sujet le paragraphe III du ch. I de la 1re partie de ce travail.

fendu toute sa vie cette idée que les plaisirs des sens aussi bien que ceux de l'esprit, « tous dépendent des affections sociales » et que « tout système de morale, tout ressort politique qui tend à éloigner l'homme de l'homme est mauvais » (VII, 182), c'est qu'il est persuadé que la nature a créé tous les hommes « de façon qu'ils ne puissent subsister qu'en se soutenant les uns les autres ».

Nous pouvons donc considérer la morale sociale de Diderot comme une de ses conceptions philosophiques les plus solides. — Sans doute, le bonheur sera toujours pour Diderot, le but suprême de la vie. Mais ce bonheur ne peut pas être celui de l'agent seul; il n'est légitime, comme mobile de toutes nos actions, qu'en tant qu'il a des rapports avec la société. Dès lors, une difficulté surgit : la vertu, qui est conditionnée par le bonheur, ne cesse-t-elle pas d'être un principe de morale rationnelle puisqu'après tout le bonheur est chose essentiellement variable d'un individu à l'autre ? Diderot résout la difficulté en identifiant la vertu avec la justice. Si les philosophes ne sont pas d'accord sur la définition de la vertu, c'est que « la loi n'est pas toujours considérée comme l'organe de l'utilité publique » (XI, 121 et suiv., Salon de 1767), qui, elle-même, est conditionnée par la justice.

Mais si le bien ou le mal ne peut se baser sur l'utilité personnelle, pour quelles raisons le serait-il sur l'utilité publique ? Diderot y répond par son article de l'Encyclopédie, intitulé : *Juste*. « C'est de la nature de l'homme que résultent, dit-il, les propriétés de ses actions, lesquels en ce sens ne souffrent pas de variation. Une action qui convient ou ne convient pas à la nature de l'être qui la produit, est bonne ou mauvaise moralement, parce qu'elle s'accorde avec l'essence de l'être qui la produit ou qui y répugne. Le bon ou le mauvais, en morale, comme partout ailleurs, se fonde sur le rapport essentiel, ou la disconvenance essentielle d'une chose avec l'autre. Or, si on suppose des êtres créés de façon qu'ils ne puissent subsister qu'en se soutenant les uns les autres, il est clair que leurs actions sont convenables ou ne le sont pas, à proportion qu'elles s'approchent ou qu'elles s'éloignent de ce but et que ce rapport avec notre conservation fonde les qualités de bon et de droit, de mauvais et de pervers, qui ne dépendent, par conséquent, d'aucune convention arbitraire et existent non seulement avant la loi, mais même quand la loi n'existe pas. » (XV, 402.) Ensuite, invoquant le mot de l'empereur philosophe Justinien (1), Diderot conclut que toute action qui sert à conserver l'agent est naturellement juste. Dès lors, force nous est d'être justes et bienfaisants. Si nous voulons remplir nos devoirs envers les autres, ou en d'autres termes, si nous voulons être des gens moraux.

Dans son article « Plaisir », Diderot reprend et poursuit le développement de cette idée de la liaison de la justice avec le bonheur. Tous ces développements peuvent se résumer en une pensée qu'il avait déjà émise dans son *Essai sur le Mérite et la Vertu* : « L'expérience des affections sociales est une source de voluptés intellectuelles; point de plaisir plus grand que celui causé par une noble et vertueuse action » (I, 81-82) ; et il ajoute un peu plus loin que tous les plaisirs des sens aussi bien que de l'esprit, « tous dépendent des affections sociales. » (*Ibid.*) Tout plaisir personnel, tout bonheur individuel est donc conditionné pour l'utilité publique ou mieux encore par le bonheur public, lequel résultera de l'exécution rigoureuse de la justice.

Mais pour démontrer le bien-fondé de toutes ces idées, il faut savoir si la nature a créé les hommes « de façon qu'ils ne puissent subsister qu'en se soutenant les uns les autres », comme Diderot le croit après Justinien. Cela revient à se demander si l'état de société est naturel à l'homme. Bien

(1) « La nature universelle, dit Justinien, ayant créé les hommes les uns pour les autres afin qu'ils se donnent des secours mutuels, celui qui viole cette loi commet une impiété envers la Divinité la plus ancienne ; car la nature universelle est la mère de tous les êtres, par conséquent tous les êtres ont une liaison naturelle entre eux ». (XV. 402. Encyclopédie : art. Juste).

qu'il ait affirmé le contraire plus d'une fois, et qu'il ait fait le panégyrique de l'état de nature, Diderot ne nous paraît pas un partisan de l'état de nature. L'article de l'Encyclopédie, intitulé : « Société », comme la *Réfutation de l'Homme*, nous le présentent, au contraire, comme un fervent défenseur de l'état de société. (Voir à ce sujet : I, 65-67; IV, 13; V, 444; XI, 152; XVII, 130; 133; 140.) « Les hommes sont faits, dit-il, dans l'article cité, pour vivre en Société... la plupart des facultés de l'homme, ses inclinations naturelles, sa faiblesse, ses besoins sont autant de preuves certaines de ce fait. » Telles sont, en effet, la nature et la constitution de l'homme, que hors de la *Société*, il ne saurait ni conserver sa vie, ni développer et perfectionner ses facultés et ses talents, ni se procurer un vrai et solide bonheur. Que deviendrait un enfant si une main bienfaisante et secourable ne pourvoyait à ses besoins ? Il faut qu'il périsse si personne ne prend soin de lui; suivez-le dans sa jeunesse, vous n'y trouverez que grossièreté, qu'ignorance, qu'idées confuses. » (XVI, 130.) Ceci posé, il n'est pas difficile de comprendre pourquoi Diderot assigne comme but, à la morale « l'utilité publique », ou, comme il dit encore, « la conservation et la propagation de l'espèce ». D'ailleurs, cette notion d'utilité publique se concilie parfaitement avec notre nature individuelle qui est telle que nul d'entre nous ne saurait être heureux tout seul, que son bonheur est lié au bonheur de ses semblables. C'est pourquoi la justice nous commande de travailler au bonheur des autres hommes (Voir II, 270) et d'écouter le penchant de notre cœur à la bienfaisance. Helvétius a donc eu tort de méconnaître ce sentiment en disant que « l'intérêt est toujours la mesure du cas qu'on fait de la probité; sentiment qui n'est « ni faux ni chimérique », et qu'il aurait d'ailleurs pleinement apprécié lui-même, « s'il eût considéré qu'en quelque lieu du monde que ce soit, celui qui donne à manger à celui qui a faim, est un homme de bien; et que la probité relative à l'univers n'est autre chose qu'un sentiment de bienfaisance qui embrasse l'espèce humaine en général ». (*Ibid.*) Toutes ces idées sur la morale sociale ne surprendront point ceux qui connaissent la vie intime de Diderot, son extrême serviabilité et ses sacrifices qu'il prodiguait indistinctement. L'homme qui a déclaré nettement : « Celui qui blesse l'humanité, me blesse »; qui a refusé avec dégoût de prendre un utilitaire, un certain Gardeil, pour un ami (V, 318); qui est persuadé qu' « il n'y a que le méchant qui soit seul » (VII, 66, *Fils Naturel*) (1); et qui se propose de servir « au bonheur de l'humanité » aussi bien par ses talents que par sa modeste bourse, et qui réalise si bien ce dessein d'un bout à l'autre de sa longue vie, cet homme, disions-nous, ne pouvait pas ne pas aboutir finalement à une « morale exquise » (SAINTE-BEUVE : *Premiers Lundis*, 331), remplie de « vues sublimes » (GARAT : *Hist. sur le XVIIIe siècle*, t. II, t. 16), à une morale essentiellement sociale.

Reste à savoir quels sont les rapports de l'individu avec la société, autrement dit, les devoirs particuliers de l'individu envers soi-même et les autres. Il se contente de dire sur ce point : « C'est à la volonté générale que l'individu doit s'adresser pour savoir jusqu'où il doit être citoyen, père, enfant; c'est à elle à fixer les limites de tous les devoirs. » Diderot ne dit cependant rien de ce qu'il faut faire, quand cette volonté générale est contraire à la justice même. Faut-il adapter en ce cas cette pensée de Diderot qu' « il n'y a point de lois pour le sage

(1) Nous pourrions prolonger indéfiniment ces citations caractéristiques qui nous révèlent dans Diderot un philosophe non ennemi de la société, si cela était nécessaire. Bornons-nous à en reproduire encore quelques-unes, et cela au hasard : « La nature a rendu l'intérêt particulier inséparable de l'intérêt général » (I. 66). « L'homme insociable est un pervers » (I. 671(. « L'homme à été créé pour vivre en société ». (XVI. 130-133). « Le sentiment de la sociabilité » (XVII. 134) ; « *Obligations imposées par la Société* à ses membres » (XVI. 140-145).

qui peut créer soi-même ses devoirs ? » Mais le Diderot pratique serait scandalisé lui-même de la mise en vigueur d'un pareil principe, ce Diderot dont la morale sociale ne fait pas peur aux consciences mêmes les plus timorées. Une autre difficulté concernant la morale sociale, c'est que dans tous ses essais de conciliation du bonheur individuel avec le bonheur collectif, ou de l'utilité étroite avec l'utilité plus ou moins grande, la pensée de Diderot reste un peu obscure. Malgré les lacunes et les difficultés qu'elle soulève, la morale sociale de Diderot paraît être sa conception définitive de la morale (si toutefois il est permis de parler d'une pensée définitive de Diderot en quoi que ce soit), car de ce point de vue l'homme n'est plus cette réunion de molécules qui ne diffère en aucune façon, d'après son soi-disant matérialisme, du reste des créatures du monde ; il est, au contraire, ce « terme unique d'où il faut partir et auquel il faut tout ramener. » (XIV, 456.)

Ainsi, la vertu sous sa forme de justice ,et l'intérêt étroit, sous sa forme d'intérêt général, deviennent le credo de la morale sociale de notre philosophe. Sans doute, c'est toujours la même notion d'intérêt, mais elle est considérablement élargie, et s'étant étendue jusqu'à l'humanité tout entière, elle se présente comme relevée et ennoblie.

La morale sociale de Diderot assigne donc tout à la fois la vertu et le bonheur comme but à la vie. La recherche de la vertu ayant à son tour comme unique but le bonheur « du plus grand nombre », il s'ensuit que le but général de la vie est la recherche du bonheur de la collectivité.

***

Si le but de la vie est la recherche du bonheur pour tous les membres de l'espèce humaine, la « conservation » et la « propagation » de celle-ci, le but de l'éducation sera nécessairement de préparer des gens capables de réaliser ce bonheur social. Mais pour que cela soit possible, il faut « faire des hommes vertueux et éclairés » (III, 439) ; « vertueux », pour que l'enfant, devenant un jour homme, puisse mettre l'intérêt de la société au-dessus de son bien individuel ; « éclairé », pour qu'il puisse bien distinguer ces deux sortes d'intérêts, public et privé.

L'éducation poursuit donc, en définitive, un double but, *individuel* et *social*, et le premier, tout important qu'il soit, est subordonné au second.

Ce dernier lui-même doit être envisagé à un quadruple point de vue : *physique*, *intellectuel*, *esthétique* et *moral*.

Quoiqu'il n'ait pas parlé longuement des moyens ni des méthodes d' « assainir le corps », Diderot a cependant très énergiquement insisté sur l'importance de l'éducation physique. « Sans la santé, dit-il, on n'est ni bon ni méchant, on n'est rien. » (III, 544, *Lettre à Mme Forbach*.) Si nous voulons faire de l'enfant un homme « ferme » et « juste », et l'empêcher d'être méchant, nous devons commencer par lui assurer un corps sain et solide, sans lequel il n'y aura rien à faire. L'éducation physique est donc, pour Diderot, la condition *sine quâ non* de toute l'œuvre de l'éducation.

Au point de vue *intellectuel*, l'éducateur doit se proposer le développement des facultés intellectuelles de l'enfant. « J'ai désiré, dit-il que mon enfant eût un esprit *droit*, *éclairé* et *étendu*. » (III, 541.) Diderot attache une grande importance à l'instruction. Il en reconnaît l'influence sur toute l'œuvre de l'éducation. « Une erreur d'esprit suffit, dit-il, pour corrompre le goût et la morale. Avec une seule idée fausse, on peut devenir barbare ; on arrache les pinceaux de la main du peintre ,on brise le chef-d'œuvre du statuaire, on brûle un ouvrage de génie, on se fait une âme petite et cruelle. » Cette importance se justifie sans doute par ce fait qu'au « siècle des lumières » tous les philosophes en général ont foi dans les idées et les connaissances. Nous savons que, pour Diderot, une des plus incontestables supériorités de l'homme sur l'animal, c'est de pouvoir « combiner des idées ». (IX, 372.) Aussi, comprend-on aisément pourquoi il désire développer l'esprit de son enfant, ou comme il le dit lui-même, « la première étincelle du jugement ». C'est par là qu'on le rendra capable de tirer profit des idées qu'on lui inculquera pendant toute sa vie.

Au point de vue *moral*, l'éducateur se propose d' « adoucir, au moyen de l'instruction, les caractères », d'éclairer (les enfants) sur les devoirs, d'étouffer leurs vices ou de les rendre sans vigueur, de leur inspirer l'amour de l'ordre et des vertus. (III, 429-30.) « Si j'avais un enfant, dit-il, à élever, de quoi m'occuperais-je d'abord ? » Et je me suis répondu : « de le rendre honnête homme. Qu'il soit bon premièrement ». (III, 540.) Rendre l'enfant *bon*, *honnête* ou *vertueux*, c'est donc la tâche principale de l'éducation morale, laquelle tâche s'impose, car l'expérience journalière nous montre bien qu'il y a des gens qui, tout en jouissant de la plénitude de leurs facultés intellectuelles et de leurs avantages physiques, les mettent au service de leur égoïsme, de leur ambition et de leurs vices. Dans ce cas, l'éducation rendrait un mauvais service à l'enfant d'abord, et à la société ensuite.

Au poin de vue *esthétique*, enfin, l'éducateur se propose d' « accélérer (chez l'enfant) la naissance du bon goût dans toutes les choses de la vie »(III, 430), car « à quoi bon être honnête ou avoir l'esprit étendu, si l'on manque de goût » (III, 543), qui est précisément « le sentiment du vrai, du beau et de l'honnête dans les mœurs ». (*Ibid.*) (1).

Cependant, quand on entend Diderot dire : « Je préférerais mon bonheur et le sien à celui de la nation », etc..., on peut croire qu'il n'a en vue qu'une éducation purement individualiste. Mais Diderot ne s'y arrête pas, puisqu'il doute

(1) Ce passage est très caractéristique pour nous car il montre nettement que la culture esthétique exerce, d'après Diderot, une grande influence soit sur la culture intellectuelle, soit surtout sur la culture morale. Nous y reviendrons dans la IIIe partie de ce travail.

« qu'un méchant puisse être véritablement grand ». Aussi, veut-il que son « enfant soit bon ». « Quand un méchant, dit-il, pourrait être véritablement grand, *comme il serait du moins incertain s'il ferait le malheur ou le bonheur de sa nation*, je voudrais encore qu'il fût bon. » (III, 540.)

L'enfant doit donc être éclairé, bon et vertueux pour qu'il puisse « faire le bonheur de sa nation ». — Dès lors, nous pouvons être assurés que, pour Diderot, toutes ces fins particulières de l'éducation individualiste, quoique parfaitement légitimes en elles-mêmes, doivent cependant se subordonner à une fin dernière, à savoir : à une fin sociale qui les dépasse de beaucoup. En effet, l'éducation individualiste, elle aussi, doit se proposer, à travers toutes ses tâches, de préparer des gens susceptibles de dévouement pour « la conservation et la propagation de l'espèce », et par suite, pour celles de l'humanité tout entière.

Dans cette entreprise de l'éducation sociale : « il s'agit, dit Diderot, de donner au souverain des sujets zélés et fidèles; à l'empire des citoyens utiles; à la société des particuliers instruits, honnêtes et même aimables; à la famille de bons époux et de bons pères; à la république des lettres quelques hommes de grand goût; et à la religion des ministres édifiants, éclairés et paisibles. » (III, 431.) Après cela, Diderot peut bien nous dire de l'éducation avec beaucoup de justesse et de force que « ce n'est point une petit objet », puisque l'Etat, la société, la famille, et même l'Eglise, bref, toutes les classes d'une collectivité, doivent en profiter (1). — L'éducation sociale, ainsi entendue, est très loin, comme on le voit, de s'opposer à l'éducation individualiste; au contraire, elle la

(1) Il est curieux de voir se rencontrer à ce sujet Diderot et Rousseau, malgré la différence essentielle qui les sépare l'un de l'autre dans leur conception de l'état de société et de la civilisation.

« La vocation essentielle, dit Rousseau, est d'être homme. Vivre est le métier que je lui (à Emile) veux apprendre ». « Il saura être magistrat, soldat, prêtre, aussi bien que qui que ce soit ». « Un père doit des hommes à son espèce, à la société, des êtres sociables, des citoyens à l'Etat ».

complète en quelque sorte, tout en la dépassant. Celui qui dédaigne les devoirs qu'il a envers la société, cesse du même coup d'être un homme vertueux, un homme de bien. Un homme véritablement vertueux sera toujours un homme sociable, et c'est pourquoi les prétendues vertus d'un anachorète ne sont que « des vices splendides ».

Le but moral de l'éducation individualiste se ramène donc, en dernier lieu, à celui de l'éducation sociale, N'en serait-il pas de même de l'éducation intellectuelle ? C'est ce que nous montre un passage très curieux du premier chapitre du *Plan d'une Université*, intitulé « De l'Instruction ». « Instruire une nation, dit-il, c'est la civiliser; y éteindre les connaissances, c'est la ramener à l'état primitif de barbarie; la Grèce fut barbare; elle s'instruisit et devint florissante... telle sera la destinée des empires dans toutes les contrées de la terre et dans tous les siècles à venir. » (III, 428.) Comme nous le voyons, l'éducation intellectuelle, elle aussi, poursuit un but beaucoup plus large que celui qui consiste tout simplement à « combiner des idées » et à procurer à l'enfant les moyens de satisfaire aux différentes exigences de la vie. Ce but intellectuel de l'éducation individualiste est contenu en quelque sorte dans celui de l'éducation sociale, mais il y est, en plus, considérablement élargi. Il consiste dans la civilisation » même qui est la chose sociale, par excellence.

Nous sommes ramenés ainsi, de toutes parts, à un but unique et essentiellement social : tout en développant les aptitudes particulières que l'enfant apporte avec lui en naissant, et tout en tenant compte de la classe à laquelle il appartient (c'est l'œuvre de l'éducation individualiste), l'éducateur doit faire de lui un citoyen « vertueux et éclairé », capable de « faire le bonheur » de sa nation », dont il est un membre, et, partant, de déployer toute son activité pour des fins sociales et humaines. Tel est le but de l'éducation; éducation qui, ainsi conçue, conduira « à toutes sortes de jouissances sans péril et sans inconvénients » (I, 474), si elle est menée savamment.

CHAPITRE III

LES MOYENS DE L'ÉDUCATION

Un fois le but de l'éducation déterminé, il importe de savoir quels sont les moyens par lesquels on peut réaliser ce but ? Pour former des hommes « vertueux » capables de placer l'intérêt de la société au-dessus de leur propre bien, et qui soient en même temps « éclairés » sur leurs devoirs en général et sur les besoins de la civilisation de leur époque, l'éducateur dispose, d'après Diderot, de deux ordres de moyens, *directs* et *indirects*.

Par les premiers, on agit directement sur les dispositions natives de l'enfant au moyen de l'exhortation, de l'exemple, du blâme, de l'éloge, des récompenses et des châtiments. — Les seconds constituent ce qu'on appelle de nos jours l'*éducation indirecte*, ou encore l'*éducation par l'instruction*. Celle-ci, comme d'ailleurs la précédente, se propose de former le caractère moral de l'enfant, mais d'une façon plus détournée et au moyen des idées que donne l'instruction. Voyons maintenant ces deux sortes de moyens d'un peu plus près.

Parmi les moyens directs qu'on emploie pour former le caractère de l'enfant, figure en premier chef la *discipline*.

La discipline, c'est l'action immédiate, exercée sur l'âme de l'enfant en vue de la former. Elle tient à l'école la place de la loi positive des sociétés, en tant qu'elle se propose d'y établir l'ordre et d'y faire régner la justice, et en même temps celle de la morale, en tant qu'elle est destinée à former le caractère de l'enfant par l'action immédiate du maître. Il est vrai qu'elle ne suffit pas pour donner de la moralité à l'enfant, mais elle seule met l'âme dans la disposition nécessaire de la recevoir.

Les procédés les plus efficaces de la discipline sont, d'après Diderot, les châtiments et les récompenses, au moyen desquels il croit pouvoir atteindre le but de l'éducation morale. Quoique Diderot ait emprunté beaucoup de choses dans cet ordre d'idées à la discipline des Jésuites, les châtiments qu'il propose n'ont pas cependant la rigueur de ceux que les jésuites infligeaient. Renvoyer un élève de l'école, c'est la plus grande punition à laquelle un maître puisse recourir, et encore ne doit-il y recourir que dans des cas de nécessité absolue. Diderot précise lui-même ce cas. Il faut renvoyer tout « sujet inepte (1) qui n'a ni bonne volonté, ni talent », dont l'esprit est bouché », et à qui « la nature n'a donné que des bras ». (III, 526.) Mais si l'on se trompe par hasard et que ce sujet soi-disant inepte se trouve être un génie? Diderot n'en aura pas du remords : « Il vaut mieux, dit-il, risquer d'égarer le génie que d'enlever aux professions subalternes une multitude d'enfants pour les livrer à tous les vices qui suivent l'ignorance et la paresse. » (III, 526.)

Il est curieux de voir Diderot éliminer tous les châtiments corporels, bien que ceux-ci fussent considérés par des Jésuites comme un des procédés les plus efficaces de l'éducation. Diderot se prononce à ce sujet d'une façon très catégorique : « Point de châtiments corporels, dit-il; récompenser les bons, c'est commencer la punition des méchants. » (III, 521.) Comment punir les élèves coupables puisqu'il ne faut recourir à la plus grande punition qu'en cas de nécessité absolue? « Il faut faire, dit Diderot, un petit code pénal des fautes contre la discipline, les mœurs et les études », lequel code « obviera à la partialité et à la sévérité déplacées et

(1) Montaigne voulait mettre ces sujets ineptes chez les « pâtissiers ». (Essais. L. XXIV).

épargnera aux maîtres la haine des coupables punis par la loi. Ce code instruira aussi les élèves de leurs devoirs et des peines qu'ils encourront, s'ils y manquent ». Diderot classe les fautes, d'après leur gravité : « les fautes contre la discipline doivent être plus sévèrement punies que les fautes contre les mœurs et celles-ci plus sévèrement que celles contre les études (1). »

Ce qui ressort de ces réflexions de Diderot sur les châtiments, c'est qu'il veut qu'on soit rigoureusement juste (III, 527) dans leur distribution, non seulement pour ne pas choquer l'instinct de justice qui est très fort chez les enfants, mais encore et surtout pour leur « inspirer la justice et la loyauté ».

Si le but moral de la discipline est de rendre « l'enfant bon », il y a lieu de se demander comment il faut s'y prendre. — « En inspirant, répond Diderot, certaines qualités de l'âme qui constituent spécialement la bonté. » « Et quelles sont ces qualités ? » — « La justice et la fermeté; la justice, qui n'est rien sans la fermeté; la fermeté, qui peut être un grand mal sans la justice. » (III, 541.) Or, comme Diderot est persuadé qu'on peut inspirer la fermeté à une âme naturellement pusillanime en corrigeant une peur par une autre peur, il sera également possible, d'après lui, d'inspirer à l'enfant le goût de la justice, en la lui rendant scrupuleusement. Le résultat en sera que « si le fantôme de l'ignominie, si la valeur outrée de la considération publique ne donnent pas le courage de l'organisation, ils le remplacent par le courage du devoir, de l'honneur, de la raison. On ne fera jamais un chêne d'un roseau, mais on entête le roseau et on le résout à se laisser briser ». (*Ibid.*)

Si punir l'enfant qui a commis une faute contre la disci-

(1) Diderot a une conception presque toute moderne sur ce point : « Tout châtiment est injuste et souvent même impuissant, d'après lui, lorsqu'il est infligé à un enfant qui est obligé de « suppléer par le travail à la facilité qui lui manque ». (II. 282).

pline, ou contre les mœurs, ou bien contre les études, est un moyen de corriger ses défauts, récompenser celui qui a su respecter les exigences de la discipline ou des bonnes mœurs, en est un autre non moins efficace. Nous avons déjà vu que, d'après Diderot, « récompenser les bons (élèves), c'est commencer déjà la punition des méchants ». Mais Diderot pousse beaucoup loin encore l'usage des récompenses, et l'idée de l'honneur et de « la considération publique », comme moyens d'éducation. Il veut que les fautes des élèves soient déférées au chapelain dont la fonction serait d'encourager les étudiants à la science et aux vertus, les jours de fêtes et les dimanches après la célébration de l'office divin ». (III, 527.) Il nous montre ensuite tous les avantages des récompenses. Il espère développer par là chez les enfants le sentiment d'émulation. « Exhortateur et censeur, dit-il, il (le Chapelain) ferait publiquement l'éloge des élèves qui se seraient distingués pendant la semaine, il les nommerait; il nommerait aussi les ignorants, les paresseux, les vicieux qu'il apostropherait sans ménagement. S'il y avait quelque acte de vertu à récompenser, il en ferait aussi l'éloge. » (III, 529.) Dès lors, on comprend pourquoi Diderot insiste tant sur la nécessité d'établir des prix de toutes sortes, des « grades honorifiques », et des « places publiques » réservées « au sortir des cours à ceux des élèves qui se seront distingués ». (*Ibid.*) Bien que le but principal de toutes les récompenses et appréciations diverses soit de glorifier la vertu, on sent cependant, même dans ce cas particulier, l'influence de la morale utilitaire de Diderot. En effet, il paraît évident que l'espoir d'une place sûre « au sortir des cours » soit pour beaucoup dans ce système d'éloges et de blâmes, de prix et de punitions, système où Diderot ne voit aucun inconvénient à ce qu'on utilise le désir de briller (II, 297, 395), au risque même de le développer démesurément chez l'enfant et de le transformer en une passion de gloire. Ce qu'il veut, avant tout, c'est que l'ordre soit établi, que les vices et les fautes graves soient punis, les vertus et les marques d'une bonne volonté, récompensées. Il croit fermement qu'en agissant ainsi on rendra les élèves « vertueux ».

On peut agir encore sur le caractère de l'enfant, le rendre « vertueux », « juste » et « ferme » au moyen des idées que lui procure l'instruction. Celle-ci fait à tel point partie intégrante de l'éducation qu'on confond quelquefois l'une avec l'autre. D'après Diderot, l'instruction, ayant pour objet la culture spéciale de l'intelligence par la communication des idées qu'un homme « élevé » doit posséder, est un des principaux instruments de l'éducation. « Il faut, dit-il, plus de raison, plus de lumières et de forces qu'on ne le suppose communément pour être vraiment homme de bien. Est-on homme de bien sans justice; et a-t-on de la justice sans lumière. » (III, 433.) « Armez (l'enfant), dit-il encore ailleurs, contre le préjugé, en ne le soumettant jamais qu'à l'autorité de la raison; *si vous fortifiez en lui l'idée générale de l'ordre, il aimera le bien;. si vous fortifiez en lui l'idée générale de honte, il craindra le mal.* Il aura l'âme élevée, si vous attachez ses premiers regards sur de grandes choses. » (XV, 524, *Encyclopédie* : art. LOCKE.) Sans prolonger ces citations, nous pouvons dire qu'on ne comprend ce crédit que Diderot fait à l'instruction que par son intellectualisme, car en psychologie, dès qu'on exagère ou dénature le rôle et la portée de l'intelligence, en pédagogie on exagère ou dénature nécessairement celle de l'instruction. Or, nous savons qu'à un moment de l'évolution de la pensée de Diderot, l'homme n'était pour lui qu'un « animal capable de combiner des idées ». Il fut donc en psychologie un intellectualiste convaincu quoiqu'en dernier lieu, il ait dépassé cet intellectualisme. Ceci dit, nous comprenons mieux un passage du *Plan* où il écoute avec un grand sens pratique l'utopie de l'instruction amusante et il fait sentir toutes les difcultés de l'instruction proprement dite. « Il faudrait se moquer, dit-il, de la simplicité de ces bonnes gens qui ont prétendu former d'honnêtes et d'habiles citoyens... en plaisantant. » (III, 431.) Car ce n'est pas « une tâche facile » que d' « accoutumer la jeunesse à la pratique éclairée des vertus »; c'est un but auquel on ne peut parvenir sans le secours d'une instruction positive et organique.

En réfutant avec tant de vigueur les paradoxes de Rousseau tant sur l'éducation attrayante que sur les effets pernicieux de la science et sur l'immoralité de la civilisation, Diderot s'écrie : « Loin de corrompre, l'instruction adoucit les caractères, éclaire sur les devoirs, subtilise les vices, les étouffe ou les voile. » (III, 429.) Sans aller jusqu'à dire que l'instruction suffit à assurer le progrès et le bonheur du monde, exagération née des tendances de la philosophie même de son siècle, Diderot ne voit pas d'antagonisme entre l'instruction et la moralité. Sans doute, les connaissances acquises ne nous donnent pas d'un seul coup la moralité, mais en nous donnant des habitudes d'attention, de la méthode, de l'ouverture d'esprit, de la rectitude de jugement, elles perfectionnent l'instrument intellectuel. La valeur morale de l'instruction réside donc moins, d'après Diderot, dans les connaissances mêmes qu'elle nous procure, que dans le développement moral dont elle est l'occasion. Si les lumières ne procurent pas *ipso facto* la moralité, il est incontestable cependant qu'un homme éclairé est plus apte qu'un ignorant à connaître son devoir. Il est vrai qu'il ne suffit pas de connaître son devoir pour l'accomplir, mais toujours est-il qu'il faut commencer par le connaître, et tout en éclairant l'intelligence de l'enfant, si l'instruction la purifie et la conduit en même temps du culte du vrai à celui du bien, elle est bien alors réellement un agent de moralisation. « J'oserai assurer, dit-il, que la pureté de la morale a suivi les progrès des vêtements depuis la peau de la bête jusqu'à l'étoffe de soie. Combien de vertus délicates que l'esclave et le sauvage ignorent ! Si l'on croyait que ces vertus, fruits du temps et de lumières, sont des conventions, l'on se tromperait; *elles tiennent à la science des mœurs comme la feuille à l'arbre qu'elle embellit.* » (III, 430.) On voit à quel point est forte la foi qu'a Diderot dans l'instruction et dans son efficacité morale.

Mais puisque c'est grâce à la formation et au développement des facultés intellectuelles, — résultat des connaissances acquises par l'instruction, — qu'on s'accoutume à la pratique des vertus », comment obtient-on ce développement intellectuel ? « J'ai désiré, dit Diderot, que mon enfant eût une âme juste et ferme », et « un esprit droit, éclairé et étendu ». « Je me suis demandé comment on pouvait rectifier l'esprit des hommes, l'étendre et l'éclairer ? et je me suis répondu : on le rectifie par l'*étude des sciences rigoureuses.* L'habitude de la démonstration scientifique prépare le tact du vrai qui se perfectionne par l'usage du monde et l'expérience des choses. » (III, 541.) Et un peu plus loin : « On éclaire l'esprit par l'usage des sens le plus étendu et par les connaissances acquises. » (III, 542.) Aussi, Diderot, dans son plan d'études complètes exige très énergiquement que tout le monde sache « lire, écrire et compter. » (III, 517.)

Le but suprême de l'éducation étant de rendre les gens « honnêtes » ou « vertueux », l'instruction éducative ne doit viser qu'à cette fin : en cultivant l'intelligence et en suggérant certaines idées aux enfants, elle devra surveiller et cultiver en eux des sentiments qui, à leur tour, formeront leur caractère moral et leur volonté.

CHAPITRE IV

LES CARACTÈRES GÉNÉRAUX DE L'INSTRUCTION TELLE QUE DIDEROT LA CONÇOIT

Toutefois, l'instruction vise une autre fin que l'éducation : son principal but, c'est de rendre l'enfant capable de remplir les diverses fonctions que la vie lui imposera; elle doit donc être organisée suivant le principe de l'utilité; et ceci s'explique aisément après ce que nous avons dit de l'utilarisme de Diderot en matière de morale. En effet, dès qu'en morale on assigne le bonheur comme but de la vie, sous une de ses deux formes, l'intérêt individuel ou l'intérêt social, de même coup l'éducation revêt une forme utilitaire; elle vise des avantages directs et tangibles. Pour la culture de l'esprit, elle n'admet que des études d'un profit palpable. Elle ne parle aux enfants que de leurs intérêts, les habitue à chercher en tout et partout l'utile, à se demander ce que leur rapportera telle ou telle branche d'études. Cette conception fut celle des philosophes-pédagogues du XVIIIe siècle et celle de Diderot, *au moins pendant un certain moment de l'évolution de sa pensée*. « Je classerai, dit-il, les sciences et les études, comme Buffon a classé les animaux. Il a parlé d'abord du bœuf, l'animal qui nous importe le plus de bien connaître; ensuite, du cheval, puis de l'âne, du mulet, du chien ; le loup, l'hyène, le tigre la panthère, occupent d'après sa méthode un rang d'autant plus éloigné dans la science qu'ils sont plus loin dans la nature et que nous en avons eu moins d'avantages à tirer ou moins de dommages à craindre. » Et il ajoute tout de suite qu'il « insiste sur ce principe qui sera la pierre angulaire de l'édifice. Cette pierre mal assise, l'édifice s'écroule; bien posée, l'édifice demeure inébranlable à jamais ». (III, 442.) — Si Diderot établit avec tant d'insistance ce principe d'utilité, c'est qu'en fait, il s'y référera toujours comme un criterium de classification des diverses études de l'enseignement public. Comme en morale, Diderot tente ici encore, après bien des hésitations, un essai de conciliation entre diverses conceptions d'utilité qui aboutissent finalement à « l'utilité plus ou moins générale ». (III, 447.)

De ce caractère d'utilité générale de l'instruction publique, on déduit directement deux autres, qui y sont contenus en quelque sorte. Une instruction utilitaire est une instruction plutôt *scientifique* que littéraire, puisqu'elle n'admet que des études d'un profit palpable et abandonne toute culture désintéressée. Et chose curieuse, comme le fait remarquer M. Compayré, quoique nourri de la plus pure substance de l'humanisme, Diderot fait à peine aux lettres l'aumône d'une petite place derrière les sciences. (Voir COMPAYRÉ, *Ouv. cité*, II, 185.) « Les sciences rigoureuses » sont mises au premier rang, parce qu'elles sont, de toutes les sciences, les plus utiles. Il en est de même des sciences physiques et naturelles qui ont une utilité beaucoup plus grande que les langues mortes et « les subtilités d'Aristote. » Ainsi, partisan de l'éducation utilitaire, Diderot a cru nécessaire de déplacer le centre de l'éducation et d'attribuer aux sciences la prépondérance jusqu'alors accordée aux lettres.

Une instruction qui tient compte avant tout de « l'utilité plus ou moins générale », doit être aussi une instruction nécessairement *encyclopédique*, et elle doit être organisée uniquement dans cet esprit (1). « Les étudiants n'ont pas une égale aptitude à tout. L'un, doué d'une mémoire prodigieuse, fera des progrès rapides en histoire et géographie. Un autre,

(1) « Quand on ne sait pas tout (entendez un peu de tout), dit Diderot, on ne sait rien de bien ; on ignore où une chose va, d'où une autre vient, où celles là veulent être placées ». (V. 415). Nous reviendrons sur les liaisons des sciences entre elles dans la conclusion de ce travail.

plus réfléchi, combinera avec facilité des nombres et des espaces, et s'instruira presque sans travail, de l'arithmétique et de la géométrie. Si l'enseignement n'a, pendant toute sa durée, qu'un seul et unique objet, l'étudiant à qui la nature n'aura donné que peu ou point de goût pour cette étude, sera constamment humilié et découragé; mais si l'enseignement embrasse plusieurs objets à la fois, après son moment de honte viendra son moment de triomphe et de gloire, et ses parents s'en retourneront de l'exercice public avec quelque consolation. » ,III, 520.) Comme on voit, c'est toujours le principe de l'utilité qui guide Diderot dans ces considérations.

C'est encore ce principe qui lui a suggéré l'idée de diviser les connaissances en deux catégories : en *connaissances essentielles* ou *premières* et en connaissances *secondaires* ou de *convenance*. On doit acquérir les premières coûte que coûte, car elles sont nécessaires pour tous les moments de la vie, tandis que les secondes ne sont propres qu'à un état choisi. « Les premières doivent être cependant élémentaires, les secondes doivent être approfondies. » Dès qu'on a choisi un état quelconque, il est indispensable d'avoir une culture encyclopédique dans les connaissances secondaires qui s'y rapportent. Sans cette culture encyclopédique, ni le journalier ne peut convenablement s'acquitter de sa tâche, ni même le poète. C'est l' « instruction » qui fait, d'après Diderot, la supériorité des Corneille, des Racine et des Voltaire sur de jeunes poètes, dont « les ouvrages sont vides ». (III, 443.)

L'instruction, comme la conçoit Diderot, combine donc des caractères assez complexes : elle est en un sens *éducative*, mais en un autre et presque en même temps, *utilitaire;* étant utilitaire, elle est du même coup *encyclopédique*, mais *scientifique* plutôt que *littéraire*.

CHAPITRE V

LES PRINCIPES DIRECTEURS DE L'INSTRUCTION ÉDUCATIVE ET UTILITAIRE

Puisque l'instruction *éducative* d'un côté, et *utilitaire* de l'autre, a tant d'avantages, ce serait un crime que d'en priver une classe quelconque de la nation. Aussi, Diderot réclame-t-il avec énergie l'instruction pour tous : « Depuis le premier ministre jusqu'au dernier paysan, il est bon, dit-il, que chacun sache lire , écrire et compter. » (III, 417.) Et ailleurs : « La porte d'une Université (doit être) ouverte *indistinctement* à tous les enfants de la nation. Je dis *indistinctement*, parce qu'il serait aussi cruel qu'absurde de condamner à l'ignorance les conditions subalternes de la société. » (III, 433.) Ici encore, Diderot est guidé par son principe d'utilité publique. Aussi, s'il veut qu'on instruise indistinctement tous les enfants de la nation, c'est en vue de procurer à celle-ci plus de génies, de talents et de gens vertueux. Or, il est persuadé que « le nombre des chaumières et des autres édifices particuliers étant à celui des palais dans le rapport de dix mille à un, il y a dix mille à parier contre un que le génie, les talents et la vertu sortiront plutôt d'une chaumière que d'un palais ». (*Ibid.*) Dès lors, on comprend bien que Diderot veuille organiser l'instruction de façon à ce que tous enfants de la nation soient à même d'en profiter.

Dans cette organisation de l'instruction publique, Diderot est guidé par quelques principes fondamentaux qu'on rappellera maintes fois après lui. Le premier de ces principes, c'est celui de l'*obligation*. On a souvent remarqué que les enfants des pauvres sont beaucoup plus appliqués que ceux des classes aisées et qu'ils sont avides d'instruction. Aussi, est-il dans l'intérêt même de la nation d'*obliger* les parents d'une façon sévère à envoyer leurs enfants à l'école. Rencontrera-t-on à cet égard des difficultés ? C'est le devoir de lá société de les aplanir. En effet, une instruction *obligatoire* ne peut se justifier que si elle est *gratuite*. Mais le sentiment de Diderot en ce qui concerne l'obligation absolue de l'instruction est tellement vif qu'il ne se contente pas de la gratuité; il va plus loin encore et il réclame de la société une instruction *rémunérée*, payée à l'élève en quelque sorte. Les enfants doivent être nourris à l'école, au frais de l'Etat. Avec des livres, il faut qu'ils y trouvent du pain. » (III, 520.) C'est dans ces conditions seulement que le législateur est autorisé « à forcer les parents les plus pauvres à envoyer leurs enfants à l'école. » (*Ibid.*)

L'instruction, telle que Diderot la conçoit, doit être non seulement *obligatoire*, *gratuite* et *rémunérée*, mais encore essentiellement *laïque*. Il est vrai que Diderot fait dans son Plan une part considérable à la religion; il veut que la journée studieuse commence et se termine par une prière, que le Chapelain s'associe à l'œuvre de l'éducation, mais tout cela ne lui est suggéré que par le sens des réalités pratiques. Comme la tsarine est très pieuse (III, 491) et que lui aussi ne « hait personnellement point le prêtre », et que, au contraire, il « le respecte, s'il est bon », et « le plaint, s'il est méchant » (III, 510), il consent à le garder au milieu des professeurs qui exerceront dans un pays très pieux, mais à la condition qu'il soit « instruit, édifiant et paisible » (1). (III, 518.) Toutefois, Diderot n'en est pas moins un fervent partisan de l'instruction laïque. Il la défend avec vigueur. Il n'admet les professeurs ecclésiastiques que dans la faculté de théologie, et là encore, comme partout ailleurs, ils seront

(1) Ceci est encore un de ces traits de Diderot qui nous fait découvrir en lui un esprit essentiellement pratique, esprit qui sait discerner la théorie de la pratique et agir d'après les exigences de *ces deux points de vue*.

placés sous la surveillance de l'Etat. Quant aux autres enseignements, Diderot en exclut entièrement les prêtres. C'est encore ce vif sentiment laïque qui lui fait approuver l'expulsion des Jésuites, dont il nous décrit excellemment tous les défauts. Cherchant les raisons de cette expulsion, Diderot dit :

« C'est que rien ne lutte avec tant d'opiniâtreté contre l'intérêt public que l'intérêt particulier (que défendaient les Jésuites); c'est que rien ne résista plus fortement à la raison que les abus invétérés; c'est que la porte des compagnies ou communautés est fermée à la lumière générale, qui fait longtemps d'inutiles efforts contre une barrière élevée pendant des siècles; c'est que l'esprit des corps reste le même, tandis que tout change autour d'eux; c'est que de mauvais écoliers se changent en mauvais maîtres, qui ne préparent dans leurs écoliers que des maîtres qui leur ressemblent; il s'établit une perpétuité d'ignorance traditionnelle et consacrée par de vieilles institutions, tandis que les connaissances brillent de toutes parts, les ombres épaisses de l'ignorance continuent de couvrir ces asiles de la dispute bruyante et de l'inutilité. » (III, 446.) — Pour toutes ces raisons, l'instruction, telle que Diderot la conçoit, sera une instruction essentiellement *laïque*, d'où seront exclus tous les prêtres, qui, « bons ou mauvais, sont des sujets équivoques, des êtres suspendus entre le ciel et la terre » (III, 438), et qu'il faut conserver « non comme les précepteurs des gens sensés, mais comme les gardiens des fous, et leurs églises, comme l'asile ou les petites maisons d'une certaine espèce d'imbéciles qui pourraient devenir furieux si on les négligeait entièrement ». (III, 517.)

Une fois qu'on aura expulsé le clergé qui avait si habilement presque partout monopolisé l'enseignement, Diderot veut confier ce droit à l'Etat. Il ne considère l'enseignement public que comme le privilège exclusif, le monopole de l'Etat. « Aucune innovation ne sera faite, dit-il, dans l'ordre des études, ni dans les règlements, sans la sanction expresse de la souveraine. » (III, 517.) C'est donc aux hommes d'Etat que revient le droit de nommer le personnel des écoles, de déposer les professeurs, de présider aux examens, d'exclure les élèves ineptes. « Jamais la religion d'Etat, dit M. Compayré, avec beaucoup de force, n'a eu d'apôtre plus fervent que ce jacobin anticipé. » (COMPAYRÉ : *Ouv. cité*, II, 179.) Cette conception de Diderot est pleinement conforme au but général et suprême que l'éducation se propose. Ce but étant de former des « citoyens vertueux et éclairés » pour l'Etat, il était juste que Diderot confiât à celui-ci le soin de réaliser le but en question, de même qu'il était tout naturel que l'Etat se préoccupât avant tout de l'intérêt général.

Mais Diderot est l'homme qui ne voit jamais les questions sous un seul jour; et quand il discute les idées d'Helvétius, il analyse non moins longuement les divers inconvénients de l'instruction publique, dont celui-ci était un défenseur acharné. Après avoir montré la nécessité de soustraire l'éducation des enfants au particularisme des prêtres, Diderot semble tout prêt à la livrer à celui des familles. « La meilleure éducation est, d'après Helvétius, celle où l'enfant, plus éloigné de ses parents, mêle moins d'idées incohérentes à celles qui doivent l'occuper dans le cours de ses études. » (HELVÉTIUS : *De l'Homme*, sect. X, ch. XI.) En réponse à Helvétius, Diderot dit qu'il « n'approuve le collège pour les garçons que quand les pères donnent mille écus à un bon cocher, deux mille écus à un bon cuisinier et veulent un homme de mérite (comme précepteur de leurs enfants) pour cinq cents francs ». Il n'approuve de même « le couvent pour les filles que quand les mères sont malhonnêtes ». (II, 450.) Tant qu'on ne se trouve devant de pareilles nécessités, et que l'on est riche, il vaut mieux « élever son enfant chez soi ». (II, 450.) Pour démontrer le bien-fondé de cette thèse, Diderot recourt à l'antiquité : « L'éducation des Grecs et des Romains, dit-il, se faisait dans la maison et cette éducation en valait bien une autre. Il serait bien singulier que tous les soins d'un instituteur, rassemblés sur un seul enfant, lui profitassent moins que les mêmes soins partagés entre cet enfant et une centaine d'autres (1). » (*Ibid.*) Après avoir fait ainsi l'apologie de l'éducation domestique ou isolée (c'est-à-dire de celle dont on charge un précepteur), Diderot termine sa pensée en disant : « Malheur à celui qui peut faire élever son enfant à côté de lui et qui l'envoie dans une école publique. » (*Ibid.*)

Mais Diderot, — chez qui le sens des réalités pratiques est prodigieusement développé, — n'en est pas moins partisan de l'éducation publique, puisqu'en fait la majorité des citoyens d'une nation étant pauvre, leur « modique fortune ne suffirait pas à la dépense d'une éducation domestique et leurs fonctions journalières détourneraient de la surveiller ». (III, 439.) Mais alors, il faut « changer du commencement jusqu'à la fin, la méthode de l'enseignement public », pour atténuer en quelque sorte tous ses inconvénients. Ce qui est à remarquer à ce propos, c'est que « la manière d'élever cent étudiants dans une école est précisément l'inverse de la manière d'en enseigner un seul à côté de soi. » (III, 434.) Il faut tenir compte aussi de ce fait que c'est « la capacité ou l'incapacité d'un sujet rare par son intelligence ou par sa stupidité qui décide la sorte d'instruction forte ou faible qui convient. » (*Ibid.*) Dès lors, le principe général de l'utilité commune nous dicte la solution suivante : « La portée commune de l'esprit humain est la règle d'une éducation publique. » (*Ibid.*) De l'application de cette règle, il s'ensuit naturellement des inconvénients graves : « Si l'objet de l'enseignement et l'étendue des leçons doivent se proportionner à la pluralité, il s'ensuit que le génie qui marche à grands pas, sera quelquefois sacrifié à la tourbe qui chemine ou se traîne après lui. » (*Ibid.*) Mais un génie n'a pas besoin d'être élevé; il

(1) Voltaire aussi est de l'avis de Diderot sur ce point ! Il dit dans une de ses lettres à Collenet : « L'éducation des collèges et des couvents a toujours été mauvaise, en ce qu'on y enseigne la même chose à cent enfants qui ont tous des talents différents ». (cité par Compayré : ouv. cit. II. 201).

suffit qu'une éducation publique ne l'étouffe pas. » (*Ibid.*)

L'éducation publique, ainsi entendue, est donc considérée par Diderot, comme un mal nécessaire, puisqu'il y aura toujours dans une nation une très forte majorité de parents qui seront pauvres, et un assez grand nombre de riches qui ne voudront pas consacrer beaucoup de leur argent à l'éducation de leurs enfants.

En considérant l'éducation publique comme un pis-aller, il semble, au moins au premier abord, que Diderot en ait méconnu la valeur. N'accepter le collège pour les garçons et le couvent pour les filles qu'en cédant à des nécessités pratiques, voir en toute éducation publique un mal nécessaire, n'est-ce pas reconnaître en principe que cette éducation est mauvaise ? Mais en fait, il n'en est rien. Diderot, qui a fait tout un traité d'éducation publique, dont il a élaboré tous les menus détails, restera convaincu, au moins pratiquement, qu'on peut en obtenir les meilleurs résultats.

Cette incertitude apparente, qui fait que tantôt il est pour l'éducation privée, tantôt pour l'éducation publique, vient, croyons-nous, de ce fait que Diderot n'a pas précisé nettement les caractères de ces deux sortes d'éducation. Tout ce qu'il a dit à ce propos, se ramène à cette remarque — très juste d'ailleurs, — que ces deux modes d'éducation, loin de s'opposer, se complètent et s'aident réciproquement pour former le caractère de l'enfant. S'il n'a pas senti la nécessité de caractériser plus nettement cette distinction, c'est que le but de toute éducation quelconque, si individualiste soit-elle, ne doit être, d'après lui, que « la conservation de l'individu et l'amélioration de l'espèce ». Tout ce qu'on fait raisonnablement pour atteindre ce but, est bon. Qu'on réussisse à satisfaire les exigences du « principe de l'utilité plus ou moins grande », c'est tout ce que cherche Diderot pour qui toutes les formes d'activité tendant à ce but, sont, par cela même, justifiées et justifiables.

Malgré ces difficultés, il est clair que Diderot peut être

regardé comme un partisan de l'éducation publique. Etant d'ailleurs donné que le principe de l'utilité plus ou moins grande est beaucoup mieux respecté dans l'éducation publique que dans l'éducation privée, Diderot ne s'occupera que de la première. Aussi, trouve-t-il nécessaire « de changer, du commencement à la fin, la méthode de l'enseignement public » (III, 451), pour le rendre le plus profitable possible, et c'est par là précisément qu'il croit pouvoir remédier d'une manière efficace aux inconvénients inhérents à ce système d'éducation.

CHAPITRE VI

LA MARCHE GÉNÉRALE DE L'INSTRUCTION PUBLIQUE

Avant de caractériser cette nouvelle méthode par laquelle Diderot veut remplacer l'ancienne, il est d'abord indispensable de considérer les griefs que formule Diderot contre l'enseignement public de son temps et la méthode de cet enseignement. « J'ai passé, dit-il, les premières années de ma vie dans les écoles publiques et j'ai vu quatre ou cinq élèves supérieurs à tous les autres se succéder pendant le cours entier de l'année dans les places d'honneur et décourager le reste de la classe. J'ai vu tous les soins du professeur se concentrer dans ce petit nombre de sujets d'élite et tous les autres enfants négligés... Je les ai (les élèves) vus tous sortir du collège, sots, ignorants et corrompus. Je les ai vus passer successivement sous six professeurs dont chacun avait sa manière d'enseigner. J'ai vu l'instruction générale des élèves négligée, pour en préparer deux ou trois à des actes publics. J'ai vu cette règle inflexible pour les enfants des pauvres, se prêter à toutes les petites fantaisies des enfants des riches. » (II, 450-51.) — Pour remédier à tous ces inconvénients de l'instruction publique, Diderot nous propose certaines règles qui caractérisent bien l'esprit de sa méthode générale, et partant, la marche même de l'enseignement public telle qu'il l'entend. S'il y a toujours un nombre très grand d'élèves dont l'instruction est négligée, c'est que ceux-ci ne comprennent pas bien le point de départ même des leçons données. Aussi, faut-il *procéder de la chose facile à la chose difficile*, ce qui revient à dire : du connu à l'inconnu. Avec ce procédé, on arrivera à intéresser ceux qui paraissaient indifférents. Nous avons vu que le caprice, l'arbitraire des professeurs était très dangereux pour l'efficacité générale de l'enseignement public. Aussi, Diderot exige-t-il que les professeurs aillent, *depuis le premier pas jusqu'au dernier* (*Ibid.*), ce qui rendra impossible tout emploi de l'arbitraire. Pour empêcher toutes sortes d'abus contre l'intérêt général, il faut *aller de ce qui est le plus utile à ce qui l'est le moins* » (*Ibid.*) « *de ce qui est nécessaire à tous, à ce qui ne l'est qu'à quelques-uns* ». (*Ibid.*) Si après tout cela on « épargne le temps et la fatigue » (*Ibid.*), et *que l'on proportionne* (1) *l'enseignement à l'âge et les leçons à la capacité moyenne des esprits* » (*Ibid.*), alors il ne sera pas impossible à tous les élèves d'atteindre l'objet principal de l'instruction publique, à savoir : l'acquisition de toutes « les connaissances essentielles ou primitives » dont ils auront besoin à chaque instant de leur vie. Pour arriver à ce résultat, il faut encore une intervention directe de la part des professeurs. Ceux-ci doivent faire sentir aux élèves que l'instruction, loin d'être un « amusement », ou un « passe-temps » (III, 431), est une chose essentiellement sérieuse, et partant, une tâche très difficile et pour les maîtres et pour les élèves (*Ibid.*), que « leurs progrès ne peuvent être que le fruit de l'opiniâtreté. » (*Ibid.*) Dans cette tâche difficile, « que les maîtres se consolent, dit Diderot, par l'importance du service qu'ils rendent à la patrie et que les élèves soient encouragés

(1) Cette réflexion de Diderot à laquelle on en peut ajouter tant d'autres, (voir III, 448, 531, 461 etc.), montre bien jusqu'à quel point est inexacte l'opinion contraire que M. Compayré s'est faite à ce sujet. Pour celui-ci : « Le défaut capital du plan de Diderot, c'est qu'il oublie d'approprier la marche progressive des études à l'ordre du développement des facultés intellectuelles » (ouv. cit. II. 151). — Mais Diderot, qui a voulu toujours « se rajeunir pour encourager les petits », « se faire enfant avec les enfants, pour en faire des hommes », etc., se trouve ici encore d'accord avec Rousseau, qui, effrayé de tout encombrement d'études, s'écrie : « Il (Emile) n'entreprendra jamais rien qui soit au-dessus de ses forces ; ses moyens seront toujours appropriés à ses desseins, et rarement il agira sans être assuré du succès ».

par l'espoir de la récompense qui les attend : la considération publique ». (III, 432.)

***

La méthode qu'a suivie Diderot dans son *Plan* et dont nous venons d'exposer les divers procédés, nous éclaire bien sur l'esprit général qui l'a guidé dans sa classification des diverses matières d'études. « La distribution de l'ordre des études dans une école, dit Diderot, n'est point du tout celle qui conviendrait dans un ouvrage scientifique » (III, 446), quoique cet ordre soit « aussi inaltérable que le lien des connaissances entre elles ». (III, 439.) Cette différence provient de ce que « la liaison d'une science avec celle qui la précède, son enchaînement naturel avec celle qui la suit et dont elle faciliterait l'enseignement lui désigne une place et la raison d'utilité plus ou moins générale lui en fixe une autre ». (III, 447.) Mais comme le but de tout enseignement public consiste dans cette utilité, Diderot abandonnera facilement la méthode qui consiste à classer les sciences d'après « leur enchaînement naturel », méthode très commode à suivre dans « un ouvrage scientifique », mais qui « ne peut convenir à un enseignement public ». (III, 446.) Aussi, classera-t-il les études « comme Buffon a classé les animaux ». (III, 443.) Un pareil ordre « prescrit par l'âge, par l'utilité plus ou moins générale des élèves, le seul qui soit praticable dans une éducation publique, est aussi le seul qui s'accorde avec l'intérêt général et particulier » (III, 447), car « celui qui n'aura pas eu la force de suivre la carrière de l'université jusqu'à la fin, plus tôt il l'abandonnera, et moins les connaissances qu'il laissera en arrière, [seront im-

(1) On verra plus loin l'application de ce principe général : « la considération publique ou l'émulation », auquel Diderot a attaché une très grande importance.

portantes] (1), plus celles qu'il emportera lui étaient nécessaires ». (III, 442.)

On voit aisément pourquoi Diderot insiste tant sur ce principe d'utilité qui « sera la pierre angulaire de l'édifice », laquelle pierre « mal assise, l'édifice s'écroule, bien posée, l'édifice demeure inébranlable à jamais ». (III, 443.) Malgré donc la liaison essentielle qu'il y a entre les sciences, il est nécessaire de faire plier l'ordre que nous indique cette liaison aux exigences de l'enseignement public.

Nous aboutissons ainsi à la classification des branches d'études que nous a donnée Diderot dans son *Plan*. D'après cette hiérarchie, des dix classes que comprendra la faculté des Arts, les sept premières seront consacrées aux sciences mathématiques, physiques et naturelles, d'un côté; et à la philosophie, à l'histoire et à la géographie, de l'autre. Cette préférence des sciences sur les lettres s'explique, d'après Diderot, parce qu'elles procurent aux élèves des « connaissances essentielles » et partant, « de tous les états »; connaissances, qu'on ne peut guère ignorer « sous peine de se tromper ou d'appeler à tout moment un secours étranger ». (III, 443.) Par contre, la logique, la grammaire et les langues mortes seront reléguées dans les trois dernières classes, parce qu'elles ne procurent que des « connaissances de convenance » ou de luxe. L'avantage indéniable de cette classification est que ceux-là seuls parviendront aux études de luxe, qui auront le loisir et « les forces nécessaires de suivre la carrière de l'université jusqu'à la fin ».

(1) *Sic.* Il manque probablement les mots [*seront importantes*].

CHAPITRE VII

L'ÉDUCATION FÉMININE (1)

Avant de passer en revue les diverses branches d'études de l'instruction publique, si nous avons jugé nécessaire d'exposer ici les quelques réflexions (2) qu'a faites Diderot à propos de l'éducation féminine, c'est que les principes généraux dont nous venons de parler ne s'appliquent pas identiquement aux deux sexes, et que l'éducation des femmes a ses règles propres.

Diderot s'est d'abord demandé s'il y avait une différence mentale entre les deux sexes. Il a répondu diversement suivant les sentiments qu'il a éprouvés au moment où il exposait ses idées. Persuadé de l'infériorité manifeste de la femme par rapport à l'homme, Diderot s'écrie : « Femmes, que je vous plains ! » (II, 260.) Dans presque toutes les contrées, dit-il, la cruauté des lois civiles s'est réunie contre les femmes à la cruauté de la nature... Les idées de justice, de vertu, de vice, de bonté, de méchanceté, nagent à la superficie de leur âme; elles ont conservé l'amour-propre et l'intérêt personnel avec toute l'énergie de la nature; plus civilisées

(1) Diderot est amené à parler de l'éducation féminine accessoirement. Il avait écrit tout d'abord la *Religieuse* pour dénoncer les vices de la vie monacale et de l'éducation des femmes, faite dans les monastères. Ensuite, il a émis à diverses reprises, des idées décousues sur la femme et sur son éducation.

(2) Ces reflexions se trouvent spécialement dans un écrit intitulé *Sur les Femmes* ; dans le *Neveu de Rameau*, dans quelques-unes de ses lettres à Mlle Volland, et surtout dans une autre lettre adressée à la Tsarine, « *sur l'Ecole des jeunes demoiselles* », lettre qu'a publiée M. Tourneux dans la Nouvelle Revue (n° du 15 sept. 1883), et qui a été reproduite dans *l'Edition du Centenaire* de Diderot (1884).

que nous en dehors, elles sont restées de vraies sauvages en dedans, toutes machiavélistes plus ou moins. Le symbole de la femme, en général, est celle de l'Apocalypse sur le front de laquelle il est écrit : *Mystère*. Où il y a un mur d'airain pour nous, il n'y a souvent qu'une toile d'araignée pour elles. On a demandé si les femmes étaient faites pour l'amitié. Il y a des femmes qui sont hommes et des hommes qui sont femmes, et j'avoue que je ne ferai jamais mon ami d'un homme femme... Si nous avons plus de raison que les femmes, elles ont plus d'instinct que nous. » (II, 259-260.) Ailleurs encore, il dit sur le même ton, sans se rappeler qu'il écrit à une femme, à Mlle Volland : « Les femmes semblent, dit-il, n'être destinées qu'à notre plaisir. Lorsqu'elles n'ont pas cet attrait, tout est perdu pour elles; aucune idée accessoire qui nous les rendent intéressantes, surtout depuis qu'elles ne nourrissent ni n'élèvent leurs enfants (1)... La nature douce, molle, reptile, arrondie de la femme, toutes qualités qui font qu'elle est charmante dans la jeunesse, font aussi que tout s'affaisse, tout s'aplatit, tout pend dans l'âge avancé. » (XIX, 103.) Cette conception que se fait Diderot de la femme, surprend beaucoup tous ceux qui le connaissent comme père de famille, comme mari et surtout comme amant de Mlle Volland, qu'il a tant aimée. « Celui qui, dit-il, n'aime pas les femmes, est une espèce de monstre; celui qui ne les recherche que quand il en est averti par le besoin, sort de son espèce et se range à côté de la brute. » (XIX, 306.) Il reste à savoir si Diderot n'aimait les femmes que pour « toutes ces qualités qui font qu'elles sont charmantes »; ou bien s'il les aimait pour d'autres raisons.

Il y a, dans Diderot, autre chose qu'un pur sensualiste quoiqu'il ait dit à Helvétius à ce sujet : « Une femme est une

(1) Par là, Diderot se rencontre une fois de plus avec Rousseau, qui a si énergiquement défendu le principe de l'allaitement maternel.

table bien servie qu'on voit d'un œil différent avant ou après le repas. » (II, 436.)

Mais toutes ces réflexions ne sont que des boutades et des impressions d'un moment. Le Diderot qui pense exprime des idées toutes contraires aux précédentes. Certains jours, il trouvera chez les femmes « des qualités solides : un grand sens, une belle âme, un cœur noble, sensible et élevé » (XIX, 103), une sagesse instinctive et irréfléchie, une originalité plus grande que celle des hommes (1), un instinct prodigieusement développé qui équivaut à notre raison, et d'autres qualités encore qui font qu'il semble considérer les femmes comme presque les égales des hommes. Cependant, il n'est pas douteux que la nature féminine reste pour lui marquée d'une infériorité surtout au point de vue intellectuel, puisque « raisonner » bien est chose rare parmi les femmes ». (II, 260) Or, que faut-il faire pour remédier à ces « cruautés unies de la loi civile et de la nature contre les femmes ? » Faut-il abandonner cette partie essentielle du *système social*, dont l'éducation a été très mauvaise ? » (II, 319.) Diderot ne le pense pas. Au contraire, il se plaint beaucoup de la mauvaise éducation des filles. Mais alors par quoi la remplacer ? — Puisque raisonner bien est chose rare parmi les femmes, l'éducation qu'il leur souhaite ne ressemblera nullement à celle du sexe masculin qui réclame avant tout une instruction scientifique. Celle-ci ne doit pas figurer dans l'éducation féminine. Cependant, puisque Diderot désire améliorer le sort de la femme, il faut bien qu'il lui apprenne à « raisonner juste » et à « supporter avec courage les peines de la vie ». (RI, 414, *Le Neveu de Rameau*.) Mais il n'est pas nécessaire pour cela de faire entrer dans le plan de l'éducation des filles, une étude qui « occupe si longtemps et qui leur sert si peu ». (*Ibid.*) Il ne leur faut même « pas plus

(1) « Quand elles ont du génie, dit-il, je leur en crois l'empreinte plus originale qu'on nous. » (II. 262).

(de danse) qu'il n'en faut pour faire une révérence, avoir un maintien décent, se bien présenter et savoir marcher »; « pas plus (de chant) qu'il n'en faut pour bien prononcer ». A la place de toutes ces choses qu'il supprime, Diderot mettra de la *grammaire*, de la *fable*, de l'*histoire*, de la *géographie*, un peu de *dessin* et beaucoup de *morale* ». (*Ibid.*). Ce programme lui semble assez riche pour former chez sa fille la raison et fortifier son caractère faible. On voit bien que de cette instruction *scientifique* et *encyclopédique* des garçons, il n'est même pas question ici. Diderot ne réclame, à propos de l'éducation féminine, que ce qui est strictement nécessaire.

Mais la différence la plus caractéristique de l'éducation des deux sexes consiste en ce que l'éducation masculine est presque toujours publique, tandis que l'éducation féminine est, au contraire, domestique ou privée. Ainsi, c'est Mme Diderot qui élèvera sa fille sous peine de ne pas avoir « la paix chez elle », (V, 413), et c'est Diderot lui-même qui fera son instruction proprement dite. L'avantage incontestable de l'éducation domestique sur l'éducation publique, c'est que dans celle-ci on ne peut guère tirer de profit des réflexions que suggèrent à l'élève les choses et les êtres environnants. Dans l'éducation privée, au contraire, l'éducateur peut utiliser toutes les occasions et faire des leçons sur chaque question que l'élève lui posera par hasard. Cette éducation naturelle, en quelque sorte, est conforme à la nature féminine; car « tandis que nous lisons dans les livres, elles (les femmes) lisent dans le grand livre du monde. Aussi, leur ignorance les dispose-t-elle à recevoir promptement la vérité quand on la leur montre. Elles sont rarement systématiques, toujours à la dictée du moment ». (II, 260.) L'unique inconvénient de cette éducation, c'est qu'elles n'entendent, du soir au matin, que des sottises, et quoiqu'on fasse dans la suite, il restera toujours quelques vestiges de cette première incrustation » (XIX, 306), car « les femmes sont assujetties comme nous aux infirmités de l'enfance, abandonnées aux caprices du sort, avec une âme plus mobile, des organes plus délicats ». (II, 257.) Aussi, des soins particuliers doivent-ils être pris dans l'éducation des filles, qu'on ne peut guère leur donner dans une éducation publique. Ils leur sont cependant indispensables, puisque « sujettes à un malaise qui les dispose à devenir épouses et mères », elles deviennent à cet instant critique ce qu'elles resteront toute leur vie, pénétrantes ou stupides, tristes ou gaies, sérieuses ou légères, bonnes ou méchantes, l'espérance de leur mère trompée ou réalisée. (*Ibid.*) Les femmes donc ont besoin, plus que les hommes, de recevoir une éducation suivie et vigilante pour contrebalancer une série de causes naturelles qui les empêchent d'arriver à la perfection morale et intellectuelle que comporte leur destinée. (II, 319.) (1).

Le but de l'éducation féminine étant de préparer la jeune fille à la vie, Diderot croit nécessaire à cet effet de lui faire un cours d'anatomie humaine, nécessaire à la femme « et avant de devenir mère, et quand elle le devient, et après qu'elle l'est devenue. » (*Edition du Centenaire*, p. 326.) A un certain âge, Diderot veut qu'on révèle à la jeune fille tous les secrets de la vie, « tout ce qui tient à l'état de femme ». Il nous en donne lui-même l'exemple en faisant l'expérience sur sa fille. « Savez-vous, lui demande-t-il un jour lorsqu'ils se promenaient ensemble, quelle est la différence des deux sexes ? » Et de là, il saisit l'occasion pour lui apprendre « ce qu'il fallait dire et faire, entendre et ne pas écouter..., le droit qu'avait sa mère à son obéissance... Je ne lui laissai rien ignorer, dit-il, de tout ce qui pouvait se dire décemment, et là-dessus, elle remarqua qu'instruite à présent, une faute commise la rendrait bien plus coupable, parce qu'il n'y aurait plus ni l'excuse de l'ignorance, ni celle de la curiosité... »

(1) « Elles sont, dit-il, plutôt lasses et s'arrêtent promptement, malgré qu'elles font les premiers pas plus vite que nous. (II. 319).

(*Œuvres choisies :* Edition du Centenaire, p. 326-27.) C'est ainsi que j'ai coupé, continue-t-il, la racine à sa curiosité; quand elle a tout su, elle n'a plus cherché à savoir; son imagination s'est assoupie et ses mœurs n'en sont restées que plus pures. C'est ainsi qu'elle a appris ce que c'était la pudeur, la bienséance..., c'est ainsi qu'elle s'est instruite sur le péril et les suites de l'approche de l'homme;... c'est ainsi qu'on lui a inspiré des précautions pendant la grossesse, et de la résignation au moment de l'accouchement;... c'est ainsi qu'a appris ma fille ce qui lui convient d'entendre ou de ne pas entendre, de rester en compagnie ou de s'en retirer à temps; à discerner l'homme honnête de l'homme grossier, l'ouvrage délicat de l'auteur ordurier, la raison de ce qui se passait en elle et de ce qui devait se passer. (*Ibid.*, 328.) (1). Diderot croit fermement que dès qu'on dit tout cela aux jeunes filles et qu'on leur donne les conseils nécessaires, celles-ci « sauront à quoi s'en tenir ». Si « les lumières acquises, la bonne éducation ne les contiennent pas dans leurs devoirs, c'est qu'il n'y a rien à faire ». (XIX, 306.) Diderot trouve que, dans cette matière, « ce sont les mères qui sont les institutrices ». (II, 261 et *Œuvres choisies*. Edition du Centenaire, p. 326.)

Telles sont les quelques réflexions que Diderot a faites sur l'éducation féminine en général; réflexions toutes théoriques que nous avons jugé plus commode d'exposer dans l'ordre de ses idées générales sur l'éducation.

(1) C'est à ce propos que Diderot cite la lettre de sa fille à M. Barthe, qui avait prêté le *Candide* de Voltaire à sa fille sans l'avoir prévenu : « Monsieur, dit-elle, vous avez manqué à mon père et à moi en m'envoyant un livre dont la lecture est déshonnête.... » De là Diderot conclut l'avantage pour les filles de leur dire tout ce qui peut se dire décemment ». (Œuvres, Ed. du Cent. p. 328).

TROISIÈME PARTIE

Organisation pratique des diverses études et des écoles publiques

INTRODUCTION A LA IIIe PARTIE

Après avoir exposé les principes généraux de l'éducation, nous allons maintenant voir l'application de ces principes dans l'*Organisation pratique des diverses études et des écoles publiques*.

Diderot distingue dans l'enseignement deux degrés : 1° *Les écoles à lire, à écrire et à compter* (*Lese-Schreib und Rechnen Schulen*); et 2° *L'université*.

Les *écoles à lire, à écrire et à compter* correspondent à ce que nous appelons de nos jours l'*enseignement primaire*. Diderot n'y attache pas la même importance qu'à l'Université. Il n'en parle que dans une note critique qu'il adresse aux écoles primaires allemandes. « J'observe, dit-il, qu'il serait bon dans ces écoles de pousser l'instruction plus loin qu'elle ne va communément en Allemagne. » (III, 416, 2e note.) Mais Diderot ne nous dit pas grand'chose de ce que doivent être ces écoles. Il demande qu'elles soient ouvertes à tous les enfants du peuple dès qu'ils peuvent marcher et parler. « Là, ils doivent trouver, dit-il, des maîtres qui leur montrent à lire, à écrire et les premiers principes de la religion et de l'arithmétique. » (III, 416.) C'est cependant, à peu de chose près, ce qu'on fait dans ces petites écoles allemandes qu'il critique. Ce qu'il propose d'y ajouter, ce sont des exercices pratiques. Ainsi, dit-il, il serait bon d'enseigner « à ceux qui se destinent aux professions mécaniques et au commerce, la manière de tenir les livres en partie double, la science du change, et tout ce qu'il est bon, dans ces professions, de savoir pour y devenir plus habile en moins de temps ». (III, 416, 2ᵉ note.) Outre ces exercices pratiques, « il serait à désirer qu'à côté du catéchisme qui enseigne les premiers principes de la religion, « on eût aussi des catéchismes de morale et de politique, c'est-à-dire les livres où les premières notions des lois du pays, des devoirs des citoyens, fussent enseignés pour l'instruction et l'usage du peuple; et une espèce de catéchisme usuel qui donnât une idée courte et claire des choses les plus communes de la vie civile, comme des poids et des mesures, des différents états et professions, des usages que le dernier d'entre le peuple a intérêt à connaître ». (III, 417.)

Ce qu'on remarque dans ce passage, c'est le caractère exclusivement pratique de l'enseignement primaire dont l'office est, d'après Diderot, de donner aux élèves les connaissances nécessaires aux usages essentiels de la vie. Mais toutes ces indications sont très vagues et très générales. On n'y reconnaît guère l'auteur systématique du *Plan d'une Université pour le Gouvernement de Russie.*

Quant au second degré de l'enseignement public, à l'*Université*, Diderot y attache une très grande importance. Mais il prend ce mot d'Université dans le sens où il était employé de son temps : il désigne par là la *Faculté des Arts*, la *Faculté de Médecine*, la *Faculté de Jurisprudence* et la *Faculté de Théologie*. Toutefois, l'objet principal de ses réflexions, c'est la Faculté des Arts. Aussi, est-ce celle-ci qui a « le plus d'intérêt pour le lecteur », comme le dit J. Assézat dans sa « notice préliminaire » au *Plan*, soit parce qu'elle procure aux élèves une culture générale, soit parce qu'elle les prépare aux autres facultés dont l'ensemble correspond à ce que nous appelons aujourd'hui l'enseignement supérieur. C'est pourquoi nous allons nous occuper en premier lieu de la Faculté des Arts.

CHAPITRE I

LA FACULTÉ DES ARTS

Considérations générales sur la Faculté des Arts et sur ses trois cours parallèles. — La Faculté des Arts qui représente notre enseignement secondaire, est, disions-nous, l'objet principal des réflexions pédagogiques de Diderot. Pour nous rendre bien compte de sa pensée, il faut exposer ici les griefs que Diderot formule contre la Faculté des Arts de son temps. Cette critique nous éclairera sur les réformes qu'il veut y introduire. « En général,dit -il, dans les établissements des écoles, on a donné trop d'importance et d'espace à l'étude des mots; il faut lui substituer aujourd'hui l'*étude des choses.* Je pense qu'on devrait donnér dans les écoles une idée *de toutes les connaissances nécessaires* à un citoyen, depuis la législation jusqu'aux arts mécaniques qui ont tant contribué aux avantages et aux arguments de la société; et dans ces arts mécaniques, je comprends les professions de la dernière classe des citoyens. Le spectacle de l'industrie humaine est en lui-même grand et satisfaisant; *il est utile de connaître les différents rapports par lesquels chacun contribue aux avantages de la société.* Ces connaissances ont un attrait naturel pour les enfants dont la curiosité est *la première qualité* ». (III, 421.) Au lieu d'utiliser cette précieuse qualité des enfants dans « l'étude des choses », et de leur procurer ainsi « toutes les connaissances » qui leur seront « nécessaires » plus tard, on suit une routine léguée par les scolastiques du moyen âge. « On étudie encore aujourd'hui, dit Diderot, sous le nom de belles-lettres, deux langues mortes qui ne sont utiles *qu'à un très petit nombre de citoyens;* c'est là (dans la Faculté des Arts) qu'on enseigne, sous le nom de rhétorique, *l'art de parler avant l'art de penser* et *celui de bien dire que d'avoir des idées;* que sous le nom de logique, on se remplit la tête *des subtilités d'Aristote et de sa très sublime et très inutile théorie du syllogisme* et qu'*on délaye en cent pages obscures ce qu'on pourrait exposer clairement en quatre;* que sous le nom de morale, je ne sais ce qu'on dit, mais je sais qu'*on ne dit pas un mot ni des qualités de l'esprit ni de celles du cœur, ni des passions, ni des vices, ni des vertus, ni des devoirs, ni des lois, ni des contrats;* que sous le nom de métaphysique, on agite sur la durée, de l'espace, etc., des thèses aussi frivoles qu'épineuses; que sous le nom de physique, on s'épuise en disputes sur les éléments de la matière; pas un mot d'histoire naturelle; pas un mot de la bonne chimie, rien de géographie. » (III, 435-6.)

Ce qui ressort de cette critique substantielle, c'est que « l'université est restée gothique, telle que Charlemagne l'avait fondée »; on n'a nullement tenu compte des progrès obtenus à travers les âges, des nécessités de la civilisation du temps. Le principe d'utilité générale a été complètement abandonné, et les études nécessaires à tous, remplacées par des études de luxe. Une telle conception concernant l'organisation de la Faculté des Arts, n'a plus sa raison d'être. Celle-ci doit répondre aux exigences de la civilisation moderne, et tenir compte de tout progrès accompli dans le domaine intellectuel et moral. On doit remplacer par exemple la logique de l'Ecole qui « ne sert qu'à démontrer l'absurdité de l'esprit humain », par l'étude « des arts mécaniques les plus connus »; où on trouve « un raisonnement si juste, si compliqué et cependant si lumineux qu'on ne peut assez admirer la profondeur de la raison et du génie de l'homme ». (III, 421.) Toutes ces considérations montrent que Diderot veut réformer la Faculté des Arts de fond en comble.

Les diverses matières de l'enseignement de cette Faculté se répartissent en trois cours parallèles qui serviront à atteindre le triple but de l'éducation *intellectuelle*, *morale* et *esthétique*. Le premier cours, qui est le plus long et le plus important, marque nettement l'intellectualisme de Diderot. Il doit servir à former, dans l'enfant, la raison, à l'aide des sciences mathématiques et naturelles. Puisque l'enfant est capable de raisonner dès qu'il entend sa langue maternelle, comme le croit son maître, « le sage Locke », Diderot veut immédiatement l'occuper par l'étude des « sciences rigoureuses », à l'aide desquelles il croit pouvoir « rectifier son esprit » et « préparer (en lui) le tact du vrai ». (III, 54.) L'objet de cet enseignement est donc, comme le dit Diderot, « de préparer des savants ». (III, 488.) Le second cours a des fins nouvelles : il est destiné à « faire des gens de bien ». (*Ibid.*) Mais ces deux tâches, pour être distinctes, ne doivent pas être séparées. (*Ibid.*)

Ce but suprême ne peut cependant pas être atteint, si l'on ne donne en même temps à l'enfant du goût : « on est honnête homme, on a l'esprit étendu », mais tout cela ne sert à rien, si on n'a pas le goût, qui est précisément « le sentiment du grand, du sublime et de l'honnête dans les mœurs. » (III, 543.) C'est l'office du troisième cours.

Ce sont donc ces trois cours qui forment le programme de la Faculté des Arts (1).

Voyons un peu en détail les études que chacun de ces cours comporte.

(1) Voir le plan à la page suivante.

(1) Plan général de l'Enseignement d'une Université

PREMIÈRE FACULTÉ DE L'UNIVERSITÉ ou FACULTÉ DES ARTS

I. — COURS

1re Classe

1° Arithmétique ;
2° Algèbre ;
3° Calcul des probabilités ;
4° La géométrie.

2e Classe

1° Les lois du mouvement et de la chute des corps ;
2° Les forces centrifuges et autres ;
3° La mécanique ;
4° L'hydraulique.

3e Classe

1° La sphère et les globes ;
2° Le système du monde ;
3° Astronomie avec ses dépendances comme gnomonique.

4e Classe

1° L'histoire naturelle ;
2° La physique expérimentale.

5e Classe

1° La chimie ;
2° L'anatomie.

6e Classe

1° La logique ;
2° La critique ;
3° La grammaire générale et raisonnée.

7e Classe

1° La grammaire russe et cette langue ;
2° La langue esclavon.

8e Classe

1° Le grec et le latin ;
2° L'éloquence et la poésie.

II. — COURS D'ÉTUDES

(Parallèle au 1er cours et continué pendant la même durée).

1re Classe

1° Les premiers principes de la métaphysique ;
(La distinction des deux substances ; l'existence de Dieu ; les corollaires de cette vérité ;
2° La morale ;
3° La religion.

2e Classe

1° L'histoire ;
2° La géographie ;
3° La chronologie et les premiers principes de la science économique ; l'art de conduire sa maison et de conserver sa fortune.

III. — COURS D'ÉTUDES

(Parallèle aux 2 premiers et continué pendant la même durée).

1re Classe

1° Le dessin ;
(Cette classe est commune à tous les élèves).

2e Classe

1° Classe de musique ;
2° Classe de danse ;

3e Classe

1° L'escrime ;
2° Le manège ou l'équitation ;
3° La nage.

Ces deux dernières classes formant un 4e cours parallèle aux trois premiers, sont supprimées par Diderot.

LES AUTRES FACULTÉS DE L'UNIVERSITÉ

La 2e Faculté	*La 3e Faculté*	*La 4e Faculté*
Faculté de médecine.	Faculté de droit.	Faculté de théologie.

ÉCOLES SPÉCIALES (*supprimées par Diderot*)

1° Ecole de politique et des affaires publiques.	2° Ecole de génie ou art militaire.	3° Ecole de marine.
4° Ecole d'agriculture et de commerce.	5° Ecole des beaux-arts	1° de perspective 2° de dessin 3° de peinture 4° de sculpture 5° d'architecture

I

PREMIER COURS D'ÉTUDES DE LA FACULTÉ DES ARTS

1° *L'enseignement des mathématiques : l'algèbre, la géométrie et le calcul des probabilités.* — Dans le premier cours de la Faculté des Arts, Diderot fait une place considérable aux sciences. Des huit classes qui le composent, les cinq sont réservées exclusivement aux sciences mathématiques et naturelles. C'est pourquoi l'enseignement secondaire, tel qu'il le conçoit, peut être considéré comme un enseignement plutôt scientifique que littéraire. Si le but de l'éducation intellectuelle est de « rectifier l'esprit » (III, 541) de l'enfant, de rendre son « raisonnement plus exact » et son « esprit plus juste » (III, 423), quelle est, se demande Diderot, la branche capable de réaliser excellemment ce but, sinon les sciences mathématiques ? Au lieu de donner six mois et plus, dit-il encore, à l'étude de la logique et de la métaphysique et au bel art de l'argumentation, je crois qu'on ferait beaucoup mieux de s'appliquer *tout de suite* aux mathématiques dont c'est le propre de rendre le raisonnement plus exact et l'esprit plus juste. » (*Ibid.*) Outre cette utilité éducative de première importance qu'ont les sciences mathématiques, elles sont encore très faciles, et par suite, accessibles même aux « esprits ordinaires ». « Il est donné à tous, dit Diderot, à ce propos, d'apprendre de l'arithmétique et de la géométrie. Il ne faut qu'un sens ordinaire; et l'enfant de treize ans qui n'est pas capable de cette étude, à la vérité, le plus à la portée des esprits ordinaires, n'est bon à rien, il faut le renvoyer. » (III, 452.) On comprend maintenant pourquoi les mathématiques doivent être considérées comme la base même de toute éducation intellectuelle.

Mais les sciences mathématiques ne sont pas appelées seulement à apprendre à l'élève à bien raisonner; elles sont destinées, en outre, à former en lui « une âme juste et ferme ». « Quand on a dans sa tête, dit Diderot, des modèles parfaits de dialectique, on y rapporte sans presque s'en douter, les autres manières de raisonner. Avec l'instinct de la précision, on sent, dans le cas même de probabilité, les écarts plus ou moins grands de la ligne du vrai ». C'est en ce sens que les mathématiques deviennent « une science usuelle, une règle de vie, une balance universelle; et qu'Euclide qui m'apprend à comparer les avantages et les désavantages d'une action, est encore un maître de morale ». (III, 541.) Les mathématiques ont donc d'innombrables utilités « dans toutes les conditions de la vie », puisque « tout se compte, tout se mesure » (III, 452), et que le bon raisonnement et l'action bonne ne sont, en dernière analyse, qu'un calcul bien fait.

Ces sciences mathématiques sont : l'*arithmétique*, l'*algèbre* et la *géométrie*. « Je commence l'enseignement, dit-il, par l'arithmétique, l'algèbre et la géométrie. » (III, 452.) L'arithmétique est la base même de toutes les sciences mathématiques. « L'exercice de notre raison, dit Diderot, se réduit souvent à une règle de trois. » (*Ibid.*) L'emploi de la règle de trois formera donc l'esprit de l'enfant et le rectifiera, en attendant que son imagination se développe et devienne capable de spéculer sur des matières de plus en plus abstraites.

Dans cette marche de l'imagination vers les domaines des mathématiques pures, on finit par ne plus désigner les chiffres que par des lettres, et dès lors, l'algèbre entre en scène. « L'algèbre, dont le nom, dit Diderot, n'effraye plus, n'est qu'une arithmétique plus générale que celle des nombres, aussi claire et plus facile; ce ne sont que les mêmes opérations, mais plus simples. » (III, 453.) Quant à la géométrie, elle est « la meilleure et la plus simple de toutes les logiques, la plus propre à donner de l'inflexibilité au jugement et à la raison ». (III, 455.) C'est pourquoi Diderot voulait remplacer la logique de l'École par celle que la géométrie nous enseigne (1). « Il ne faut jamais la perdre de vue, dit Diderot; c'est la boussole d'un bon esprit. C'est le frein de l'imagination. » (III, 455.) Mais le rôle de la géométrie n'est pas seulement de nous apprendre les bonnes manières de raisonner, mais de nous « conduire encore imperceptiblement à l'esprit d'invention ». (*Ibid.*) Et si l'on ajoute à tout cela que : « Rien de ce qui est obscur et peut satisfaire une tête géométrique », que « le désordre lui déplaît et l'inconséquence la blesse » (*Ibid.*), on aura la raison pour laquelle Diderot a toujours aimé avec fureur les mathématiques en général et la géométrie en particulier. Il veut qu'on finisse « tous les raisonnements qu'on fait, soit en discourant, soit en écrivant, par la formule (favorite des géomètres) : ce qu'il fallait démontrer ». (*Ibid.*) Et il pousse si loin qu'il veut qu'on démontre même l'existence de Dieu et l'immortalité de l'âme, etc., par un raisonnement géométrique, le seul qui soit infaillible, s'il n'est pas employé à faux. Pour en finir avec la géométrie, disons encore qu'elle est pour Diderot « la lime sourde de tous les préjugés populaires, de quelque espèce qu'ils soient. Un peuple est-il ignorant et superstitieux ? demande-t-il. Apprenez aux enfants de la géométrie, et vous verrez avec le temps l'effet de cette science ». (III, 454.)

Aux trois sciences mathématiques dont nous venons d'exposer les grandes lignes, Diderot ajoute encore « celle des combinaisons » ou « le calcul des probabilités » dans un but exclusivement pratique. « Cette partie de l'enseignement, dit-il, est d'un usage immense dans les affaires de la vie; elle embrasse et les choses les plus graves et les choses les plus frivoles...; elle a lieu jusque dans les matières de législation...; c'est elle qui règle tout ce qui appartient aux assurances, aux loteries, aux rentes constituées sur une ou plu-

(1) Il est curieux de voir Diderot exprimer ainsi presque un siècle par avance une des idées les plus fécondes de A. Comte. Nous verrons dans la conclusion de ce travail, les analogies qu'il y a entre les conceptions philosophiques de notre auteur et celles du fondateur du positivisme.

sieurs têtes, à la plupart des objets de finance et de commerce; c'est elle qui indique le parti le plus sûr ou le moins incertain... Toute notre vie n'est qu'un jeu de hasard; tâchons d'avoir la chance pour nous. » (III, 455.)

On a cependant reproché aux méthématiques d'exercer une mauvaise influence sur l'intelligence et le caractère : on a dit qu' « elles dessèchent le cœur et l'esprit ». Mais « cela ne peut être vrai que d'une étude habituelle », et encore ce résultat n'est-il pas nécessaire; tout dépend de la méthode qu'on emploie dans l'enseignement des mathématiques. « Chaque sujet ayant sa manière d'être traité, la méthode géométrique serait très sèche pour les matières d'agrément. » (*Ibid.*) Mais Diderot ne nous donne de la méthode propre aux mathématiques que quelques vagues indications, qui peuvent servir pour n'importe quelle branche d'études; elles rentrent donc dans les cadres de la méthode générale que nous avons esquissée dans la partie précédente de ce travail : « Je ne dirai qu'un mot, dit-il, sur la manière d'enseigner, c'est que si les élèves connaissaient mieux la fatigue des maîtres, ils supporteraient plus aisément la leur. Au lieu d'affecter une supériorité de savoir, il vaudrait mieux avoir l'air d'étudier et de travailler avec eux; c'est ainsi qu'en apprenant, on les familiariserait avec l'art de montrer. » (III, 531.) Diderot nous donne un exemple propre à montrer l'utilité de cette méthode et la facilité de son application. « Qu'un maître, dit-il, qui résout à son élève un problème d'arithmétique ou de géométrie fasse une fausse supposition, qu'il la reconnaisse, qu'il revienne sur ses pas, qu'il avance et qu'il découvre enfin la vérité qu'il cherchait, je pense qu'il instruira mieux son élève qu'en y arrivant par une marche rapide, sûre et non tâtonnée. Il y a bien de la différence entre une erreur d'ignorance et une erreur faite d'industrie. Celle-ci tient en garde l'élève : s'il l'aperçoit, sa petite vanité est satisfaite; elle l'habitue à se méfier, elle le forme insensiblement à la recherche de la vérité, elle lui inspire l'esprit d'invention, l'autre perd le temps et ne rend que du mépris. L'erreur d'industrie pallierait quelquefois l'erreur involontaire et dispenserait le maître de rougir. » (*Ibid.*) Cette méthode, « en apparence perplexe et vacillante », Diderot la trouve excellente et veut qu'on l'emploie dans l'enseignement des sciences mathématiques.

Outre ces remarques générales, Diderot donne, dans l'article de l'Encyclopédie intitulé *leçon* (1), quelques conseils pratiques concernant les procédés à employer dans l'enseignement d'une branche quelconque. « Les leçons, la plupart, dit-il, ne sont qu'un assemblage de mots et de raisonnements et les mots, sur quelque matière que ce soit, ne nous rendent qu'imparfaitement les idées des choses... Il faut que le fait ou l'exemple suive la leçon, si vous voulez rendre la leçon utile. On formerait mieux la raison en faisant observer la liaison naturelle des choses et des idées qu'en donnant l'habitude de faire des arguments. Quand les observations deviennent nécessaires et que le maître va parler aux sens et à l'imagination pour insinuer et pour graver un précepte important, il devrait le lier dans l'esprit de l'élève à un sentiment de peine ou de plaisir et le fixer ainsi dans la mémoire; enfin dans *toutes* les instructions, il faudrait avoir plus d'égard qu'on en a jusqu'à présent au mécanisme de l'homme. » C'est pour cette raison que Diderot conseillait au maître de mathématique de procéder par fausses suppositions. Les élèves supporteraient mieux leur fatigue en voyant celle du maître, et dans ce cas, la leçon serait liée à un sentiment de peine; ou bien en apercevant l'erreur, ils seraient satisfaits dans leur petite vanité, et dans ce cas, la leçon serait liée à un sentiment de plaisir.

(1) Cet article a, il est vrai, une portée générale ; mais si nous le résumons ici quand même, c'est pour mettre davantage en lumière la vivacité du sentiment de Diderot qui veut que le fait ou l'exemple suive la leçon, même si celle-ci porte sur des matières les plus abstraites, comme les mathématiques.

2° *L'enseignement de la mécanique*

Après les mathématiques, il faut enseigner la mécanique. Celle-ci, « science de première utilité », reçoit des premières « des connaissances préliminaires ». (III, 456.) L'intérêt que nous présentent « les lois du mouvement et de la chute des corps » est incontestable surtout au point de vue pratique. « Il n'y a pas un seul art, dit Diderot, qui ne sente la nécessité (de ces lois). Nous ne faisons pas un pas dans la société, dans les rues, à la ville, à la campagne sans y rencontrer des machines ! » (*Ibid.*) La mécanique nous rend donc d'immenses services dans toutes nos entreprises. « Le traité de l'équilibre et du mouvement, des fluides a, dit encore Diderot, des applications immenses. On n'entreprend rien de grand et de petit sans les connaissances de l'hydraulique qui dirigent les canaux, les pompes, les aqueducs, les moulins, etc. L'art d'empêcher l'air, l'eau, la terre ou la pesanteur et le feu, est l'art d'épargner le temps et les bras de l'homme qui en fait des domestiques. » (III, 457.) On voit bien qu'ici encore Diderot n'a envisagé que l'utilité pratique de la science (1) mécanique. Une autre utilité d'ordre théorique, c'est qu'elle fait un usage continu des mathématiques. De sorte qu'en passant de la classe des sciences mathématiques à celle de la mécanique, l'élève continue non seulement à récapituler toutes ses connaissances mathématiques, mais encore il en ajoute d'autres tout à fait nouvelles. Par là, la marche de l'enseignement devient nécessairement progressive.

3° *L'enseignement de l'astronomie*

De même que dans la science mécanique, en astronomie,

(1) « L'utile, avait déjà dit Diderot dans son *Interprétation de la Nature*, circonscrit tout. Ce sera l'utile qui, dans quelques siècles, donnera les bornes à la physique expérimentale, comme il est sur le point d'en donner à la géométrie ». (II, 13).

on doit envisager avant tout les applications. A cet effet, l'astronomie est une des sciences les plus intéressantes de la hiérarchie de Diderot. « L'homme de mer ne peut, dit Diderot, se passer (des sciences mathématique et mécanique); mais moins encore de (l'astronomie), dont les connaissances sont essentielles aux géographes par état. Le voyageur en doit être plus ou moins instruit. Il serait honteux pour un homme élevé de ne rien savoir ni du globe sur lequel il marche, ni de la voûte sous laquelle il se promène. » (III, 460.) Comme on le voit, l'utilité de l'enseignement de l'astronomie est d'une nature un peu différente de celle que présentent les sciences précédentes. Les connaissances mathématiques et mécaniques sont indispensables à tout le monde presque sans exception; quant à l'astronomie, une certaine catégorie de gens (les hommes de mer et les géographes par état) est seule à s'y intéresser spécialement. Il est vrai que, d'après Diderot, « tout homme élevé » doit connaître un peu l'astronomie, mais c'est peut-être moins pour son utilité immédiate que parce qu' « il serait honteux de ne rien savoir ni du globe sur lequel on marche ni de la voûte sous laquelle on se promène ». (III, 460.)

Mais si l'utilité pratique de l'astronomie est mince, elle présente un intérêt spéculatif de première importance. C'est ce qui lui donne sa vertu éducative. Le but de l'éducation intellectuelle étant d'étendre l'esprit de l'enfant » (III, 541), on comprend aisément à ce point de vue l'importance capitale de l'astronomie, puisque « l'homme n'a marqué nulle part plus fortement l'étendue de son esprit que dans les progrès de l'astronomie ». (III, 460.) Il y a encore une autre raison qui justifie ce rang de l'astronomie dans la classification des diverses branches d'études : c'est « la liaison des connaissances ».

Les études astronomiques étant purement géométriques » et les élèves ayant déjà appris « tout ce qu'il faut pour s'y appliquer » (III, 469), elles n'exigent pas un temps bien long.

Dès lors, Diderot n'a pas à craindre la difficulté « que la liaison d'une science avec celle qui la précède, son enchaînement naturel avec celle qui la suit et dont elle faciliterait l'enseignement, lui désigne une place, et que la raison d'utilité plus ou moins générale lui en fixe une autre » (III, 447), car ces deux principes de l'utilité et de la liaison des connaissances s'accordent excellemment dans ce cas particulier.

Si toutefois Diderot avoue qu'il pourrait « bien avoir oublié ici la raison de l'utilité, plus ou moins générale, pour céder à la liaison des connaissances » (III, 459), c'est que, pour lui, ce dernier principe en lui-même est conforme à l'utilité générale. Si l'on ajoute à tout cela « la simplicité et l'ingéniosité extraordinaire de l'art de construire des cadrans, de tracer une méridienne, d'élever un gnomon, de construire des globes et des sphères, des planisphères qui indiquent à chaque instant l'état du ciel » (*Ibid.*) et que l'on ne peut point faire tout cela « sans éléments d'astronomie » (III, 460), on comprendra l'importance qu'attache Diderot à cette science.

4° *L'enseignement des sciences naturelles*

S'il y a une branche d'étude dans le *Plan* de Diderot qui doit se conformer le plus strictement à la raison d'utilité, ce sont les sciences de la nature. Celles-ci présentent un double intérêt : *théorique* et *pratique* (1). Diderot était tellement frappé de ces deux sortes d'intérêts des sciences naturelles qu'il avait déclaré nettement que « le règne des sciences mathématiques était fini, et que celui des sciences naturelles a commencé (2) ».

(1) L'intérêt *théorique* et l'intérêt *pratique* des sciences naturelles se distinguent l'un de l'autre de ce que le premier vise le perfectionnement des facultés d'observation de l'élève par l'exercice des sens, et le second, les avantages matériels que procurent les applications de ces sciences.

(2) Rousseau s'écrie dans le même esprit : « Point d'autre livre que la nature point d'autre instruction que les faits ». Et ailleurs encore : « Rendez votre élève attentif aux phénomènes de la nature, bientôt vous le rendrez curieux ».

Au point de vue pratique, « rien de plus utile, dit Diderot, et de plus intéressant que l'histoire naturelle », car «entre les conditions subalternes de la société, *il n'y en a point* à laquelle l'histoire naturelle ne *fût plus ou moins utile*; tout ce qu'on touche, tout ce qu'on emploie, tout ce qu'on vend, tout ce qu'on achète, est tiré des animaux, des minéraux et des végétaux. C'est le catalogue des richesses que la nature a destinées à nos besoins et à nos fantaisies. Les animaux nous servent ou nous nuisent, et ils sont bons à connaître et pour les avantages que nous en retirons, et pour les dommages que nous en avons à craindre. Les minéraux et les métaux sont employés dans tous nos ateliers; ils nous défendent sous la forme d'armes, ils abrègent nos travaux comme instruments, ils nous sont commodes comme ustensiles. Les végétaux nous alimentent ou nous recréent ». (III, 461.) Mais les sciences naturelles présentent un autre intérêt qui n'est pas moins grand que le précédent, quoique purement *théorique*. « C'est, dit Diderot, en parlant de l'histoire naturelle, un exercice continu des yeux, de l'odorat, du goût et de la mémoire, que les élèves apprendront à se servir de leurs sens, art sans lequel ils ignoreront beaucoup de choses, et ce qui est pis, en sauront mal beaucoup d'autres : *art de bien employer les seuls moyens que nous ayons de connaître;* art dont on pourrait faire d'excellents éléments, préliminaires de toute espèce d'enseignement. » (III, 461.) C'est donc l'étude des sciences de la nature qui nous mène, d'après Diderot, à une connaissance empirique de la nature elle-même, connaissance sans laquelle on ne se rend compte ni de l'étendue, ni de la limite de ses forces, et partant, pas d'exercice de volonté, pas de résolution efficace, puisque, sans cette connaissance des choses qui nous entourent, on n'est nullement sûr de pouvoir réaliser ses desseins. Nous sommes amené ainsi à parler de l'intérêt éducatif que présente l'enseignement des sciences de la nature

Mais quelles sont ces sciences? Elles se divisent en deux

catégories : *l'histoire naturelle*, avec ses principales branches, d'un côté; *la physique expérimentale, la chimie et l'anatomie*, de l'autre, constituent l'enseignement des sciences de la nature que Diderot répartit en deux classes.

L'histoire naturelle proprement dite comprend *la zoologie, la botanique* et *la minéralogie*. Diderot veut qu'on enseigne ces trois sciences très soigneusement, aussi bien à cause de leur intérêt pratique qu'à cause de leur utilité théorique et éducative. Le but de l'éducation intellectuelle étant « d'étendre l'esprit et de l'éclairer », la valeur éducative des sciences naturelles grandit considérablement aux yeux de Diderot dès qu'il se rend compte de ce fait qu' « on éclaire l'esprit par l'usage des sens le plus étendu et par les connaissances acquises ». (III, 542.) Or, « étendre l'esprit et l'éclairer est, dit-il, à mon sens, un des points les plus importants, les plus faciles et les moins pratiqués. Cet art se réduit presqu'en tout à voir d'abord nettement un certain nombre d'individus, nombre qu'on réduit ensuite à l'unité. C'est ainsi qu'on parvient à saisir aussi distinctement un million d'objets qu'une dizaine d'objets. Conduite de la considération des individus à celles des masses, l'âme s'habitue à s'occuper des grandes choses, à s'en occuper sans effort et sans négliger les petites. La vraie étude de l'esprit dérive originairement de l'esprit d'ordre ». (III, 542.) On voit par là quel est l'office de toute classification des choses et des êtres. Diderot veut que les élèves sachent déterminer les caractères généraux et les signes distinctifs des choses qui les entourent, connaissent leur forme, leur fonction, leur utilité et discernent leurs identités et leurs différences. Mais il faut prendre garde de faire un bon usage des sens, car « celui qui n'a jamais fait qu'un mauvais usage des sens, aura l'esprit faux ». (II, 243.) Ce bon usage n'est possible que si l'on tient compte de « l'harmonie qu'il y a entre les sens », harmonie d'après laquelle « aucun d'eux ne prédomine assez sur les autres pour donner la loi à son entendement ». (II, 224.) L'éducateur doit donc tenir compte, en enseignant l'histoire naturelle, de cette harmonie qui est, d'après Diderot, la condition essentielle du progrès de l'esprit humain. (*Ibid.*)

Quant à la seconde catégorie des sciences naturelles, ici encore Diderot poursuit le même but utilitaire en se plaçant au double point de vue pratique et théorique. Il y ajoute cependant une préoccupation nouvelle : c'est la santé des élèves qui doit se proposer comme but tout enseignement d'anatomie.

Il commence par la *physique expérimentale* (1) qui « est, dit-il, une imitation en petit des grands phénomènes de la nature, un essai de ses principaux agents, l'air, la terre, le feu, la lumière, les solides, les fluides, le mouvement ». (III, 461.) Par l'enseignement de la physique expérimentale, Diderot comprend les applications directes de la physique rationnelle à tous nos actes les plus ordinaires, puisqu'elle « s'introduit, d'après lui, dans presque tous les ateliers des artistes », et que, de l'autre côté, « l'étude en est utile, agréable et facile ». (*Ibid.*) Le but qu'il se propose dans l'enseignement de cette branche, c'est de rendre les élèves capables de comprendre par eux-mêmes l'action de toutes les forces de la nature, et de les armer contre elles par des précautions convenables et appropriées.

(1) Si Diderot traite ici directement de la *physique expérimentale*, sans avoir parlé de la physique rationnelle, c'est que, d'après lui, celle-ci doit venir après celle-là. « La physique rationnelle, dit-il, a pris son essor trop tôt. Ce ne serait peut-être pas de vingt siècles, à compter de celui-ci, que la physique expérimentale aurait rassemblé les faits nécessaires pour former une base solide à la spéculation ». (III. 359. (*Essai sur les règnes de Claude et de Néron*), et II. 21-23 (Interprétation de la nature).)

La physique expérimentale sera donc une science d'observation, tandis que la physique rationnelle, une science de raisonnement. « Chaque fois qu'on supplée au silence de la nature par analogie, par conjecture, ce sera rêver ingénieusement, grandement, si l'on veut, mais ce sera rêver. C'est à elle-même (à la nature) à s'expliquer, il faut l'interroger et non répondre pour elle ». (III 360). En d'autres termes, la physique rationnelle n'est pas encore constituée ; elle n'est pas encore, comme le dira A. Comte, entrée dans la phase positive, c'est pourquoi Diderot n'en parle pas dans son *Plan*.

Après avoir étudié les sciences qui traitent des forces de la nature (il s'agit de la physique expérimentale) et de ses immenses richesses (les animaux, les végétaux et les minéraux), il importe d'étudier plus soigneusement encore celle qui traite du corps humain, de « la plus belle des machines, ainsi que la plus essentielle à connaître pour nous, dont elle est une bonne portion ». (III, 463.) Ainsi, l'histoire naturelle introduit à la chimie, de même que la mécanique, la physique expérimentale et l'hydraulique », à l'étude du corps humain, à l'*anatomie*.

Les applications immédiates de la chimie à la vie ordinaire sont peut-être moins nombreuses, mais elles ne sont pas moins importantes que celles de la physique, car « il n'y a aucun art mécanique où la science du chimiste n'entre pas ». « L'agriculteur, dit encore Diderot, le métallurgiste, le pharmacien, le médecin, l'orfèvre, le monnayeur, etc., peuvent-ils s'en passer ? S'il n'y avait que trois sciences à apprendre, et que le choix s'en fît pour nos besoins, ils préféreraient la mécanique, l'histoire naturelle et la chimie. » (*Ibid.*) Une autre nécessité encore d'apprendre de la chimie, c'est que « rien n'est simple dans la nature, la chimie analyse, compose, décompose; c'est la rivale du grand ouvrier ». (*Ibid.*) Et si l'on tient compte de ce fait aussi que « c'est dans le laboratoire que sont contrefaits l'éclair, le tonnerre, la cristallisation des pierres précieuses et des pierres communes, la formation des métaux et tous les phénomènes qui se passent autour de nous, sous nos pieds, au-dessus de nos têtes » (*Ibid.*), on s'étonnera moins que Diderot ait donné raison à un chimiste, nommé Becker, d'avoir traité les physiciens d' « animaux qui léchaient la surface des corps ». Diderot, qui a tant insisté sur la nécessité de l'enseignement de la chimie, a eu certainement beaucoup plus que tout autre philosophe contemporain, le sentiment vif de la complexité des choses de la nature.

Mais toutes les sciences de la nature, en général, et celle

qui traite du corps humain, en particulier, doivent être enseignées en vue de donner aux élèves les moyens d'assurer une bonne santé. Ce souci occupe tellement Diderot qu'il ne nous parle, à propos de l'enseignement de l'anatomie, que de l'hygiène, sans nous dire au juste quels sont l'objet et le contenu de cette science anatomique, distincte pourtant de l'hygiène proprement dite. « Le professeur en anatomie et physiologie serait obligé, dit-il, de finir son cours par quelques leçons sur l'art de fortifier le corps et de conserver sa santé et de ne pas oublier la longue liste de souffrances que l'homme intempérant se prépare. » (III, 464.)

En ce qui concerne la méthode de l'enseignement de toutes ces sciences, Diderot dit ,en passant, qu'elle est une. Elle s'applique à toute espèce d'enseignement. Aussi, après avoir exposé ses spéculations sur la méthode en général, il ne nous dit ici rien sur les procédés généraux à employer dans l'enseignement des sciences naturelles. Il se contente d'exprimer le désir que « le professeur, en quelque genre que ce fût, terminât son cours par un abrégé historique de la science, depuis son origine jusqu'à l'endroit où il aura laissé ses élèves. Poussé plus loin, ils n'entendraient pas ». (*Ibid.*)

5° *L'enseignement de la logique, de la critique et de la grammaire générale et raisonnée*

Après l'enseignement des sciences vient celui de la *logique*, de la critique et de la grammaire générale et raisonnée. « La logique, est, dit Diderot, l'art de penser juste, ou de faire un usage légitime de ses sens et de sa raison, de s'assurer de la vérité des connaissances qu'on a reçues, de bien conduire son esprit dans la recherche de la vérité, et de démêler les erreurs de l'ignorance ou les sophismes de l'intérêt et des passions : art sans lequel toutes les connaissances sont peut-être plus nuisibles qu'utiles à l'homme, qui en devient ridicule, sot ou méchant. » (III, 464.) Diderot attache, comme on le voit, beaucoup d'importance à la logique ainsi entendue. Celle-ci n'est nullement la logique de l'Ecole. Il ne s'agit point ici des « subtilités d'Aristote », ni de « sa très sublime et très inutile théorie du syllogisme. » Cette logique n'est au fond qu'un exercice approprié « des sens et de la raison ». C'est pourquoi « il faudrait assurément commencer, d'après Diderot, par la logique, c'est-à-dire par la perfection de l'instrument dont on doit se servir, si cet enseignement abstrait était à la portée des enfants ». (III, 465.) Mais les sciences précédentes les ont déjà préparés « par un suffisant exercice de leur raison » à cette branche d'études.

L'étude de la logique aidera utilement à celle de la critique qui « est l'art d'apprécier les différentes autorités, assez souvent contradictoires, sur lesquelles nos connaissances sont appuyées ». (III, 465.) En effet, si nous n'avons pas appris à « faire un usage légitime » de nos sens et de notre raison, il nous est impossible d'apprécier à leur juste valeur « l'autorité de l'expérience et celle de l'observation », « l'historien contemporain, l'historien moderne des faits anciens », et enfin, « les écrivains en tout genre ». La critique, telle que Diderot entend, n'est donc que l'art correspondant aux sciences mathématiques. Elle conduit avec la logique « à l'étude de l'histoire et des belles-lettres », mais celle-ci, comme celle-là, n'excluent nullement « *la grammaire générale et raisonnée* ».

Cette grammaire est l'ensemble « des règles générales » qui régissent « toutes les langues particulières ». Il s'agit ici de raisonner à l'aide des définitions, des distinctions entre les différentes espèces de mots, de règles et des exceptions, et enfin de la syntaxe qu'on peut compliquer à plaisir. Pour appliquer ces principes et ces règles, il faut raisonner, choisir entre plusieurs possibilités et se décider après réflexion. Tandis que « la logique s'occupe des mots, de leurs acceptions, de leur ordre dans la proposition, et de l'ordre de la proposition dans le raisonnement, la grammaire, au contraire, « n'est qu'une application très subtile de la logique, ou de l'art de penser, à la grammaire, ou à l'art de parler ». (III, 466.) (1).

Toutes ces matières de la sixième classe de la Faculté des Arts n'ont donc qu'un but qui consiste à faire « faire (à l'enfant) un usage légitime de ses sens et de sa raison », c'est-à-dire à développer en lui l'esprit critique et l'amour de la vérité. La vertu éducative de l'enseignement de « cet art de penser juste » exige, on le voit, qu'on unisse en tout et partout la clarté à la justesse, le raisonnement lumineux à l'observation exacte, en utilisant tous les résultats obtenus

(1) De ces remarques rapides de Diderot, il ressort que l'enseignement de la logique doit se faire par la grammaire générale. C'est là une conception très importante et grosse de conséquences. En effet, c'est cette conception qui a permis de constituer la structure logique du langage ; idée déjà émise par un philosophe contemporain de Diderot, Condillac, lequel avait identifié l'art de parler avec celui de raisonner. « L'art de parler et l'art de penser, dit l'auteur de *Cours d'Etudes pour l'Instruction du Prince de Parme*, ne sont dans le fond qu'un seul et même art.... Je dirai plus, c'est qu'ils se réduisent tous à l'art de parler... comme toute la géomètrie se réduit à l'art de calculer avec méthode ». Poussant un peu plus loin les choses, Condillac ajoute : « Si nous avions moins de mots, nous aurions moins d'idées, et que, par conséquent, nous serions moins capables de penser et raisonner ». (Œuvres : V. Discours préliminaire éd. Houel.).

Diderot, lui aussi, a dit : « Quelque variété apparente qu'il y ait entre les langues, si l'on examine leur objet d'être la contre-épreuve de ce qui se passe dans l entendement humain, on s'apercevra bientôt que c'est une même machine soumise à des règles générales, à quelques différences près, de pure convention, dont une langue par geste trouverait les équivalents ». (III. 465).

La grammaire générale n'est donc, pour Diderot aussi bien que pour Condillac, qu'une application très subtile de la logique ou de l'art de penser, à la grammaire ou à l'art de parler ». (III. 466).

A quelques différences près, ce sont les mêmes idées qu'a émises Couturat dans un article intitulé « *Rapports de la logique et de la linguistique* », où il dit expressément : « L'évolution des langues est dirigée et mue, au fond, par une logique immanente ; elle est dominée par la tendance à trouver l'expression adéquate de chacune de nos pensées..... Notre logique théorique n'a nullement à démontrer ou à contrarier la logique immanente de nos langues ; car elle lui est identique au fond, elle ne fait que formuler explicitement les tendances instinctives et elle vise la même fin ». (Voir la *Revue de Métaphysique et de Morale*, juillet 1911).

par l'enseignement des branches précédentes. C'est à cette condition seulement que l'enseignement de la logique, de la critique et de la grammaire générale et raisonnée peut être utile soit à l'éducation intellectuelle, soit à l'éducation morale des élèves.

6° *L'enseignement de la langue maternelle*

Si Diderot n'a pas parlé jusqu'ici de l'enseignement de la langue maternelle qui paraît être cependant l'enseignement le plus indispensable, c'est qu'il suppose que les élèves savent pratiquement manier la langue avant même d'entrer à la Faculté des Arts. C'est pourquoi l'enseignement de la langue maternelle ne viendra qu'après celui de la logique et de la grammaire générale. On se propose par cette branche d'études de former dans l'enfant l'homme tout entier par la variété des pensées et des sentiments exprimés dans les monuments littéraires et historiques de la nation dont il fait partie, et pour cela il vaut mieux sans doute en ajourner l'étude à une époque auss reculée que possible.

Toutefois, malgré le très grand intérêt que Diderot attache à l'enseignement de la langue maternelle, il n'en parle que très rapidement. La raison de cette brièveté, c'est qu'il ne connaît nullement la langue russe. Aussi, se contente-t-il de charger S. M. l'Impératrice Catherine II, de remplir ce paragraphe. Les rapides indications qu'il nous donne à ce propos se réduisent à quelques généralités. « S'il faut écrire et parler correctement une langue, dit-il, c'est la sienne. » (III, 467.) Entrant tout de suite dans des considérations générales relativement au développement d'une langue quelconque, il dit : « Chez toutes les nations, la langue a dû ses progrès aux premiers génies. » (*Ibid.*) « La précision et la clarté étant les deux qualités principales d'une langue, toutes doivent prendre pour modèle la langue française. » Diderot ne fait donc ici qu'indiquer, sans plus, la place de l'enseignement de la langue maternelle.

7° *L'enseignement du grec et du latin*

C'est dans la dernière classe du premier cours qu'on doit enseigner les langues grecque et latine. Diderot traite l'enseignement de ces deux langues mortes beaucoup plus longuement que des autres enseignement du *Plan*. Il soulève tout d'abord la question controversée « de savoir si la seule études des langues anciennes vaut le temps qu'on lui consacre, et si cette époque précieuse de la jeunesse ne pourrait pas être employée à des occupations plus importantes ». (III, 420.) Diderot répond à cette question d'une façon qui paraît être contradictoire. Tantôt il parle avec un grand enthousiasme « des Anciens », tantôt il se montre hostile à l'enseignement des langues classiques.

Déclarant tout d'abord qu'il croira « difficilement, soit raison, soit préjugé », qu'on puisse se passer « de la connaissance des Anciens », il en fait une espèce de panégyrique enthousiaste. « Cette littérature, dit-il, a une consistance, un attrait, une énergie qui feront toujours le charme des grandes têtes ». (III, 420.) « Les Grecs, dit-il encore, ont été les précepteurs des Romains, les Grecs et les Romains ont été les nôtres, je l'ai dit, je le répète : on ne peut guère prétendre au titre de littérateur, sans la connaissance de leur langue..., ces deux langues renferment de si grands modèles en tout genres qu'il est difficile d'atteindre à l'excellence du goût sans les connaître. Voyager à Rome et à Athènes pour les littérateurs, celui qui a un peu de tact, discernera bientôt l'écrivain moderne qui s'est familiarisé avec les Anciens, de l'écrivain qui n'a point eu de commerce avec eux. » (III, 478.) Et comme « les meilleures traductions » qu'on a faites des Anciens « ne sont que des copies sans valeur, sans force et sans vie », et qu' « en parler sur ces ébauches, c'est juger

Raphaël ou Titien d'après une description » (*Ibid.*), Diderot aboutit de nouveau à cette conclusion qu'on ne peut pas se passer de la connaissance des Anciens. » Il invoque ici sa propre expérience pour nous montrer la valeur éducative des humanités. « *J'ai sucé*, dit-il, *de bonne heure*, le lait d'Homère, de Virgile, d'Horace (1), de Térence et de Platon, etc. » (III, 479.) « Homère, toujours Homère élèvera le génie, familiarisera avec tous les genres... La langue de la poésie semble être la langue naturelle d'Homère. Qu'on me pardonne le petit grain d'encens que je brûle devant la statue d'un maître à qui je dois ce que je vaux, si je vaux quelque chose. » (III, 481.) Tous ces divers passages nous montrent bien quels sentiments animent Diderot pour les humanités.

Mais malgré toutes ces déclarations, Diderot critique très sévèrement l'école humaniste. « Sous le nom de belles-lettres, dit-il, on étudie deux langues mortes qui ne sont utiles qu'à un très petit nombre de citoyens; c'est là qu'on les étudie pendant six à sept ans sans les apprendre. » (III, 452-3.) D'ailleurs, quand bien même on les apprendrait, à qui seraient-elles « d'une utilité absolue, si ce n'est aux poètes, aux orateurs, aux érudits, et aux autres classes des littérateurs de profession; c'est-à-dire aux états de la société les moins nécessaires ? » (III, 471.) Pour toutes les professions, les langues mortes sont donc inutiles.

Elles ne sont bonnes qu'à former une catégorie spéciale de citoyens. Elles ne servent pas au développement intellectuel du plus grand nombre. C'est pourquoi l'enseignement des langues mortes doit être « relégué dans un rang fort éloigné ». (III, 470.) Diderot explique très longuement toutes les raisons qui l'ont amené à amoindrir ainsi la valeur éducative et l'utilité pratique des humanités dont il a ajourné l'enseignement à la fin des études scolaires. Ces raisons sont d'ordre *théorique* et *pratique*. Au point de vue *théorique*, tous les

(1) « Plusieurs années de suite j'ai été, dit-il encore, aussi religieux à lire un chant d'Homère avant de me coucher que l'est un bon prêtre à réciter son bréviaire ». (III, 478).

arguments de « ceux qui s'abstinent à placer l'étude du grec èt du latin à la tête de toute éducation publique ou particulière », ne se soutiennent nullement. Ainsi, on a tort de croire qu'il soit nécessaire d' « appliquer à la science des mots l'âge où l'on a beaucoup de mémoire et peu de jugement », parce que l'étude des langues exige beaucoup de mémoire », etc. En effet, « on peut exercer et étendre la mémoire des enfants aussi facilement et plus utilement avec d'autres connaissances qu'avec des mots grecs et latins », puisqu' « il est d'expérience que (les enfants) retiennent tout indistinctement ». (III, 470-71.) Mais, de plus, « il est faux qu'on ne puisse tirer parti que de la mémoire des enfants », qui « ont plus de raison que n'en exigent les éléments d'arithmétique, de géométrie et d'histoire ». (III, 471-2.) et puis, il n'est pas juste non plus de dire que « les enfants ne sont guère capables d'une autre occupation ». Cette considération des partisans des humanités étonne beaucoup Diderot; il ne comprend même pas comment on peut défendre une pareille thèse, puisqu'il n'y a guère « science plus épineuse » que celle des humanités, qui est « l'application continuelle d'une logique fine, d'une métaphysique subtile; supérieure (non seulement) à la capacité de l'enfance, mais encore à l'intelligence de la généralité des hommes forts ». (III, 471-2.) Dès lors, Diderot ne comprend pas du tout comment on peut « mettre à la main d'un apprenti forgeron un marteau dont il ne peut ni empoigner le manche, ni vaincre le poids ». Pour lui, si ces langues anciennes sont des « connaissances instrumentales », ce n'est pas « pour les élèves, mais pour les maîtres ». (*Ibid.*) Toutes ces raisons d'ordre psychologique expliquent sans doute pourquoi l'étude des langues mortes « se fait mal dans la jeunesse », qui, après les avoir étudiées cinq ou six années, « n'en entend pas seulement les mots techniques ». Outre ces raisons psychologiques, il y en a d'autres, d'ordre également thorique. Celles-ci ont rapport avec la méthode de l'enseignement des humanités. « Si l'étude des anciens auteurs, dit

Diderot, était réservée pour un temps où la tête fût mûre, il me semble qu'ils (les élèves) rencontreraient moins de difficultés et qu'ils y prendraient plus de goût, les faits et les personnages dont Xénéphon, Tacite, Virgile les entretiendraient, leur étant connus. » (*Ibid.*) Si les élèves n'ont pas déjà acquis une certaine somme de connaissances diverses, ils ne pourront nullement comprendre cette profusion de faits et de discussions dont les ouvrages des auteurs anciens sont remplis. Il est donc nécessaire, même au point de vue de la méthode, de reléguer l'enseignement des langues mortes au dernier rang des diverses branches d'études, sous peine de les enseigner inutilement « pendant six ou sept ans ». (III, 453.)

Mais ce sont plutôt des soucis *pratiques* qui ont amené Diderot, ce grand humaniste, à réduire le plus possible l'enseignement des humanités. Nous savons que, comme Rousseau, Diderot, lui aussi, se demande avant de parler d'une branche d'études ce à quoi elle sert. Et n'est-ce pas surtout ici le lieu de poser cette question ? « Accordons, dit-il, qu'au sortir des écoles, les enfants possèdent les langues anciennes qu'on leur a montrées, que deviennent ces enfants ? Ils se répandent dans les différentes professions de la société : les uns se font commerçants ou militaires, d'autres suivent la cour ou le barreau, c'est-à-dire que les dix-neuf vingtièmes passent leur vie sans lire un auteur latin et oublient ce qu'ils ont péniblement appris ». (III, 472.) Dès lors, à cette question : « à qui ces langues sont-elles d'une utilité absolue ? », Diderot répond sans hésiter : « à personne, si ce n'est aux états de la société les moins nécessaires » (III, 472), c'est-à-dire à une très petite minorité d'élèves qui ont le don et les moyens de devenir des orateurs, des poètes, etc... Est-ce donc pour une si maigre utilité qu'il faut sacrifier l' « époque précieuse de la jeunesse ? » N'est-elle pas destinée à « des occupations plus importantes ? » (III, 420-1.) « Quand on les possèderait de bonne heure, sans la multitude des connaissances antérieures au rang de l'enseignement que nous leur avons assigné, en entendrait-on mieux les auteurs ? » (III, 472.) Tout en convenant « de l'avantage de ces langues pour certains états », Diderot ne comprend point qu'on fasse étudier à cinq ou à six ans ce qu'on ne saurait apprendre, et ce qui ne pourrait servir qu'à vingt-cinq ou trente ans, et peut-être plus tard ». (III, 472.) De ces considérations, Diderot conclut « que ces langues savantes propres à *si peu*, si difficiles *pour tous*, doivent être renvoyées à un temps où l'esprit soit mûr et placées dans un ordre d'enseignement particulier à celui d'un grand nombre de connaissances plus généralement utiles et plus aisées ,et avec d'autant plus de raison qu'à dix-huit ans on y fait des progrès plus sûrs et plus rapides, et qu'on en sait plus et mieux dans un an et demi, qu'un enfant n'en peut apprendre en six ou sept ans ». (III, *Ibid.*)

Tel est l'ensemble de raisons pour lesquelles Diderot veut s'élever « contre un ordre d'enseignement consacré par l'usage de tous les siècles et de toutes les nations » (III, 470), et qu'il déplace ainsi le centre de l'éducation, en attribuant aux branches d'études d'une utilité presque immédiate, l'importance primordiale jusqu'alors accordée aux humanités.

Si Diderot n'est pas d'accord avec les idées de son temps sur l'enseignement des langues anciennes, il ne l'est pas davantage avec des philosophes, qui « ont porté l'esprit de la logique dans la grammaire ? sur la manière de les (langues) étudier toutes ». (III, 473.) Ceux qui ont traité de la méthode d'enseigner les langues mortes ont recommandé de traduire les bons auteurs : « traduire, toujours traduire, c'est leur mot d'ordre ». Quant à la composition, ils en bannissent l'usage bel et bien, et ils perdent ainsi et leur temps et leur goût, en s'accoutumant « à des tours vicieux et barbares ». (*Ibid.*) Le travail « auquel se livre l'esprit en traduisant » étant « vraiment le contraire de ce qu'on fait en composant » (III, 474), il ne faut pas qu'on sépare ces deux sortes d'exercices l'un de l'autre. Diderot est persuadé, comme le dit

J. Assézat, qu'on ne saurait bien connaître une langue étrangère, si l'on ne fait à la fois le thème et la version ». (III, 475.) D'ailleurs, « l'expérience journalière nous apprend que le latin que les élèves ont étudié dans les écoles par le thème et la version, leur est très familier et que le grec qu'ils n'ont étudié que par la version, leur est toujours difficile ». (III, 475.) En résumé, la méthode à employer dans l'enseignement des langues anciennes consiste : 1° à « traduire les bons auteurs »; 2° à « comparer ou faire le thème d'après les bons auteurs, c'est-à-dire prendre une page traduite d'un bon auteur, ou dans sa langue, ou dans quelque autre langue qu'on sache; rendre cette page dans la langue de l'auteur et comparer sa traduction avec le texte original »; et enfin, 3° à « composer et à traduire sur toutes sortes de matières et d'après tous les auteurs, sans quoi la connaissance de la langue restera toujours imparfaite ». (III, 476.)

8° *L'enseignement de l'éloquence et de la poésie*

Nous savons que Diderot conserve dans son *Plan* l'enseignement des langues mortes uniquement pour leur richesse poétique et historique avec laquelle doivent se familiariser tous ceux qui veulent être « des orateurs et des poètes, s'ils en ont le génie ». (III, 485.) Au moment où les élèves commencent à apprendre les langues mortes, ils ont déjà quelque idée des grands monuments littéraires. Aussi, ne s'agit-il ici que de développer en l'approfondissant la connaissance qu'ils en ont. Diderot énumère tous les procédés que le maître doit suivre à ce propos. « Il fera remarquer, dit-il, le génie, la chaleur, la gaieté, l'invention... » des poètes antiques. (III, 487.) Mais il ne veut nullement qu'il soit « ni un sec et triste détracteur des Anciens, ni un sot admirateur de leurs défauts ». Ces prescriptions théoriques sont d'ailleurs accompagnées d'indications sur les moyens pratiques qui permettent de les exécuter. Pour donner aux élèves une idée juste de la beauté des chefs-d'œuvre classiques, il faut qu'ils aient déjà une idée nette de ce que sont les beaux-arts en général, « ces imitations de la belle nature ».

Les deux arts, dont il est ici question : l'éloquence et la poésie, diffèrent l'un de l'autre, en ce que la première « embellit la vérité et la colore » (III, 425), et la seconde, « plus soucieuse de la vraisemblance que de la vérité, l'agrandit en l'exagérant. Il importe donc que les préceptes de l'art oratoire et de la poésie aient été précédés : 1° d'un traité du vrai, du vraisemblable et de la fiction du vrai absolu et du vrai de convenance; 2° d'un traité de l'imitation de la nature; 3° d'une exposition de ce que c'est que la belle nature et de son choix, d'après la convenance, en appuyant surtout ces principes de beaucoup d'exemples; 4° d'un traité du bien et du beau, qui n'est jamais que l'éclat du bon; du sublime qui n'est que l'éclat du bien et du mal accompagné d'un frisson qui naît, ou de la grandeur, ou du péril, ou de l'intérêt. » (III, 426.) En poésie plus particulièrement, « il faut s'occuper du choix et de la place des mots; ensuite de l'harmonie; de l'harmonie en général et relative à l'organe, de l'harmonie imitative ou relative aux passions de l'homme et aux phénomènes de la nature ». (III, 486.) Si l'on observe tous ces conseils, « on sait alors tout ce qu'il faut savoir pour passer aux leçons propres à l'éloquence et à la poésie et devenir grand orateur et grand poète si l'on y est destiné ».

Diderot s'excuse ici de ces longs développements sur les belles-lettres, en disant que c'est sa branche favorite, celle qu'il « connaît mieux ». Aussi, était-ce « une tentation bien naturelle » pour lui que d'en « parler un peu plus longtemps peut-être que son importance ne le permettrait ». (III, 488.)

II

DEUXIÈME COURS DE LA FACULTÉ DES ARTS

9° *Considérations générales sur le second cours*

Le premier cours étant destiné, dans son ensemble, à faire l'éducation intellectuelle des élèves, dans le but d'en faire « des savants », n'est nullement suffisant. Faire l'éducation intellectuelle des enfants ne leur sert à rien, si on ne fait pas en même temps leur éducation morale et esthétique. C'est pourquoi Diderot a organisé encore deux autres cours que les élèves doivent suivre parallèlement au premier et continuer pendant la même durée. Le second cours, qui sera commun à tous les élèves de la Faculté des Arts et enseigné dans l'après-midi, a pour objet « de faire des gens de bien ». (III, 488.) Les leçons qu'on fait ici aux élèves « sont d'une nature qui reste la même », tandis que celles du premier cours présentent une utilité « de moins en moins générale ». (*Ibid.*) Cette différence s'explique par ce fait que les connaissances que procure le second cours sont toutes, sans exception, des connaissances essentielles que tout homme, digne de ce nom, doit acquérir. « Homme, dit Diderot, il faut qu'il (l'élève) sache ce qu'il doit à l'homme; citoyen, il faut qu'il apprenne ce qu'il doit à la société; prêtre, négociant, soldat, géomètre ou commerçant, célibataire ou marié, époux, fils, frère ou ami, il a des devoirs qu'il ne peut trop connaître. » (*Ibid.*) Le second cours, il est vrai, « ne se distribue qu'en trois classes », mais l'enseignement reçu ici étant « toujours le même dans le fond des matières », et devenant « de plus en plus détaillé et plus fort », n'est pas du tout élémentaire, comme le premier. Si l'on sort des classes de ce dernier « écolier, élève », « il serait à souhaiter qu'on sortît (de celles du second» « maître ». (III, 488.) Dans le premier cours, on peut se contenter d'une culture plus ou moins large, puisqu' « il y a un milieu entre l'ignorance absolue et la science parfaite », mais en matière de morale, il n'y a aucun moyen terme : ou l'on est bon ou l'on est méchant, puisqu' « entre le bien et le mal, la bonté et la méchanceté », il n'y a aucun milieu, d'autant plus que « celui qui est balloté dans ses actions de l'une à l'autre, est méchant ». (*Ibid.*) Pour atteindre un but si vaste, Diderot dresse un tableau des matières à enseigner dans les deux classes du second cours. Ces matières sont : 1° la métaphysique avec tous ses principaux problèmes qui ont rapport avec la religion; 2° la morale; 3° l'histoire et la chronologie; 4° la géographie.

10° *L'enseignement de la métaphysique et de la religion*

C'est à propos de l'enseignement de la métaphysique et de la religion qu'on saisit le mieux en Diderot le sens des réalités pratiques. Comme la tsarine « n'est pas de l'avis de Bayle, qui prétend qu'une société d'athées peut être aussi bien ordonnée qu'une société de déistes, mieux qu'une société de supersitieux », Diderot n'hésite pas à dire : « Il est à propos que l'enseignement de ses sujets se conforme à sa façon de penser ». (III, 470.) Aussi, Diderot, cet incrédule convaincu, énumère-t-il tous les problèmes classiques que doit traiter le maître de métaphysique, comme, par exemple, l'immortalité de l'âme et la certitude d'une vie à venir ». (*Ibid.*) Il veut que le maître *démontre* toutes ces idées que les élèves doivent prendre comme fondement de la morale. Si l'on ajoute à toutes ces remarques générales celles qu'il a faites à propos de la religion et de l'autorité religieuse dans l'œuvre de l'éducation, dont nous avons déjà parlé, et sur lesquelles nous reviendrons encore un peu plus loin, on retrouve alors en ce Diderot l'auteur spiritualiste de l'*Essai sur le Mérite et la Vertu* et le philosophe pratique de l'Encyclopédie qui sait à merveille faire des concessions au sens commun, pour ne pas le choquer trop. « L'athéisme, dit notre athée, peut être l'étude d'une petite école, mais jamais celle d'une communauté ou d'un peuple » dont « le gros restera toujours ignorant ». (III, 517.) C'est donc pour des raisons pratiques que Diderot fait à la religion une place considérable dans l'ouvrage de l'éducation, quoique toute religion ne soit pour lui qu' « une superstition autorisée par la loi ». (III, 491.)

11° *L'enseignement de la morale*

Telle n'est cependant pas son attitude vis-à-vis de l'enseignement de la morale. D'ailleurs, il ne conserve l'enseignement de la métaphysique et les principes de la religion que comme « les préliminaires de la morale ». (*Ibid.*) Celle-ci est la pierre angulaire du second cours et de toute l'œuvre de l'éducation.

Il veut qu'on termine toutes les leçons de métaphysique « par une démonstration rigoureuse », il dit qu'à tout prendre, il n'y a rien de mieux à faire pour son bonheur en ce monde que d'être « un homme de bien ». (III, 491.) La morale dans son ensemble est, pour Diderot, cette « science qui *fait découler de l'idée du vrai bonheur et des rapports actuels de l'homme avec ses semblables, ses devoirs et toutes les lois justes*, car on ne peut sans atrocité, m'ordonner ce qui est contraire à mon vrai bonheur, on me l'ordonnerait inutilement ». (*Ibid.*) Les tendances utilitaires et sociales de Diderot, ici encore, réapparaissent sous un jour très clair. Mais pour que l'enfant devienne « homme de bien », et partant, utile à la « propagation de la société », « il faut qu'il sache ce qu'il doit à l'homme et à la société... » (III, 488), qu'il a des devoirs qu'il ne peut trop connaître ». C'est l'enseignement de ces devoirs qui fera de l'enfant un « homme de bien ».

Pour habituer les enfants à la pratique de tous ces devoirs, il faut rappeler les deux principes que Diderot avait déjà posés dans sa lettre à Mme la princesse de Nassau-Saarbruck; principes qui nous révèlent, dans le système de Diderot, une morale de l'impératif catégorique, à côté de sa morale sociale. « Il est beau, dit-il, de se soumettre soi-même à la loi qu'on impose », car « il n'y a que la nécessité et la généralité de la loi qui la fassent aimer ». (VII, 182.) Et avant de terminer cette lettre, il dit encore à la princesse : « Faites-vous un but qui puisse être celui de toute votre vie ». (VII, 189.) On saisit mieux encore la portée de ces conseils, si on se rend compte de ce fait que toutes les conceptions morales de Diderot, se rattachent en général à son principe favori d'utilité plus ou moins générale. En effet, s'il a identifié la vertu avec le bonheur, c'est que, dans son esprit, il ne s'agit que du « vrai bonheur », c'est-à-dire de celui de la majorité des citoyens; s'il a dit « que tout système de morale, tout ressort politique, qui tend à éloigner l'homme de l'homme, est mauvais » (VII, 182), c'est que, pour lui, la nature a créé tous les hommes « de façon qu'ils ne puissent subsister qu'en se soutenant les uns les autres », et que les plaisirs des sens, aussi bien que ceux de l'esprit, « tous dépendent des affections sociales »; s'il dit encore : « abstraction faite de mon existence et du bonheur de mes semblables, que m'importe le reste de la matière ? (XIV, 453), c'est qu'il n'y a rien de mieux à faire même pour son propre bonheur que d'être « un homme de bien », c'est-à-dire serviable et susceptible de se dévouer pour la cause commune; et enfin, s'il veut qu'on soit, avant tout « homme de bien », c'est « qu'il ne faut qu'un seul homme méchant et puissant, pour que cent mille autres hommes pleurent, gémissent et maudissent leur existence ». (VII, 182.) On voit donc bien que le but moral qu'a assigné Diderot au second cours, se confond avec le but général de l'éducation qui consiste, comme nous le savons, à rendre les enfants propres de se dévouer plus tard au bonheur et à la propagation de l'espèce humaine. C'est ce but que doit poursuivre l'éducateur pendant toute la durée du la scolarité en général et à propos de l'enseignement de la morale en particulier.

Diderot ne nous dit cependant pas quels seront la méthode et les procédés généraux de cet enseignement de la morale. Les indications qu'il en donne sont très vagues. Seulement, pour rendre facile la tâche du maître, il juge à propos d'ajouter ici à ce qu'il avait dit relativement à la morale, « les éléments de la science *économique*, ou de l'art de conduire sa maison, art dont les Grecs et les Romains faisaient si grand cas ». (III, 491.) Voici le raisonnement que Diderot fait à ce sujet : puisque, à tout prendre, le bonheur individuel est pour beaucoup dans la vie, et qu'il y a un rapport très étroit entre ce bonheur et le bien matériel qu'on possède, et que de l'autre côté « la misère est une si puissante ennemie de la probité, et le renversement des fortunes, si funeste pour l'éducation des enfants » (*Ibid.*), il ne doit pas être indifférent au maître d'habituer ses élèves à « conserver leur bien », ou à « l'accroître ». (*Ibid.*) C'est précisément ce but que se propose Diderot en voulant enseigner et les éléments de science économique, qui ne s'occupant nullement des « visions politiques », ne peut pas « effaroucher » la tsarine, et l'agriculture, qui est la « source de toute richesse ». (*Ibid.*)

12° *L'enseignement de l'histoire*

Outre l'enseignement de la morale proprement dite, il y a une autre branche, utile également pour cultiver le cœur et les sentiments, ou comme disait Diderot pour « faire des gens de bien ». C'est l'histoire à l'enseignement de laquelle Diderot attache une importance particulière, sans nous donner cependant d'indications précises sur la manière dont elle doit être étudiée. Il nous parle d'abord de la méthode à employer. « Je crois, dit-il, qu'il faudrait commencer l'étude de l'histoire par celle de sa nation, et celle-ci, ainsi que toutes les autres, par les temps les plus voisins en remontant jusqu'aux siècles de la fable ou la mythologie. » (III, 493.) En invoquant l'opinion de Grotius (1), qu'il apprécie pleinement, il ne veut pas qu'on commence à étudier l'histoire par des faits surannés qui nous sont indifférents, mais par des choses plus certaines et qui nous touchent de plus près » et qu'on s'avance « de là peu à peu vers l'origine des temps ». (III, 493.) C'est cette méthode qui lui semble « plus conforme à un véritable enseignement » historique.

Diderot, toutefois, ne veut pas qu'on néglige la mythologie sans laquelle « on n'entend rien aux auteurs anciens, aux monuments, ni à la peinture, ni à la sculpture, même modernes, qui se sont épuisées à remettre sous nos yeux les vices des dieux du paganisme au lieu de nous représenter les grands hommes ». (*Ibid.*)

Diderot dit qu'il n'est pas de l'avis de ceux qui « pensent que la connaissance de l'histoire devrait précéder celle de la morale », puisqu'il lui semble « qu'il est utile et convenable de posséder la notion du juste et de l'injuste, avant la connaissance des actions, des personnages et de l'historien même auxquels on doit l'appliquer ». (III, 493.)

15° *L'enseignement de la géographie et de la chronologie*

Sur cette question, Diderot est beaucoup plus court encore que sur les précédentes. Il se contente de dire que « lorsqu'on a dit de la géographie et de la chronologie qu'elles étaient les deux yeux de l'histoire, on a tout dit ». (*Ibid.*) Cependant, il ajoute quelques remarques importantes : « Je désirerais, dit-il, qu'on diminuât la sécheresse de l'étude du globe par quelques détails sur les religions, les lois, les mœurs, les usages bizarres, les productions naturelles et les ouvrages des arts. » De plus, il ne faut pas négliger « la

(1) Grotius, jurisconsulte, diplomate et historien hollandais du XVIIe siècle (1583-1645). Il a laissé un grand nombre d'ouvrages de jurisprudence et de théologie, d'histoire, etc.,

géographie ancienne », qu'il n'est pas d'ailleurs nécessaire de séparer de la géographie moderne, puisqu' il en coûterait si peu pour joindre au nom d'une ville ou d'une rivière celui qu'elle portait autrefois ». (*Ibid.*) C'est, en somme, la conception moderne de la géographie physique, ethnographique et politique que Diderot nous esquisse ici.

III

LE TROISIÈME COURS DE LA FACULTÉ DES ARTS

14° *L'enseignement du dessin*

Mais il ne suffit pas qu'on ait « l'esprit étendu » (but de l'éducation intellectuelle faite par le premier cours), et qu'on soit « homme de bien » (but de l'éducation morale, faite par le second cours), il faut encore et surtout qu'on ait du goût, puisque celui-ci n'est que « le sentiment du vrai, du beau, du grand, du sublime, du décent, de l'honnête dans les mœurs ». (III, 543.) C'est ce goût que Diderot se propose de former chez les élèves en instituant son troisième cours parallèle aux deux autres et commun à tous pendant toute la durée de leur éducation ». (III, 495.) Le but de ce dernier cours est donc de faire l'éducation esthétique (1), éducation que le créateur de la critique d'art, ne pouvait pas négliger sous peine d'être inconséquent avec lui-même. N'avait-il pas consacré les trois quarts de son temps et la meilleure partie de son génie à composer des salons ?

Mais ici encore, comme partout ailleurs, Diderot est guidé par « la raison d'utilité ». Ainsi, s'il demande qu'on s'oc-

(1) Il s'agit ici de l'éducation esthétique de la majorité des élèves qui n'auront pas le loisir d'étudier les humanités et l'éloquence poétique ; autrement, ces dernières branches, elles aussi se proposent de former le bon goût dans les élèves.

cupe de l'éducation esthétique des enfants, c'est tout d'abord à cause de son utilité pratique. La seule et unique matière de ce troisième cours, le dessin, remplit très bien cette condition. « Le dessin est, dit-il, d'une utilité si générale; il provoque si naturellement la naissance de la peinture et de la sculpture, et il est si nécessaire pour juger avec goût les productions de ces deux arts que je ne suis point étonné que le gouvernement en ait fait une partie de l'éducation publique. » (*Ibid.*)

C'est pourquoi Diderot jugeait nécessaire pour les élèves de s'exercer à chaque degré d'études dans le dessin. Cette branche ne peut cependant être utile que lorsqu'elle est accompagnée toujours d'une classe « de perspective », qui est d'une utilité très grande aussi bien pour le dessin que pour la belle écriture. Diderot se plaint beaucoup de ce que « la plupart de ceux qui entrent dans les écoles publiques écrivent si mal » (III, 495), et de ce que « ceux dont le caractère d'écriture était passable l'aient si bien perdu quand ils en sortent ». Aussi, veut-il remédier à ce défaut, en attachant au professeur de dessin un maître d'écriture. Mais il n'en est pas moins fâcheux de voir aussi qu'il y ait « si peu d'hommes même parmi les plus éclairés, qui sachent bien lire ». (*Ibid.*) Diderot trouve ce talent toujours si agréable, souvent si nécessaire » qu'il estime qu'un maître de lecture et d'écriture ne s'associerait pas inutilement au professeur de dessin », puisque « la prononciation vicieuse et la mauvaise écriture sont deux défauts analogues : c'est bégayer pour les yeux et pour les oreilles ». La perspective ne suffit cependant pas pour que les élèves puissent tirer du dessin le plus grand profit possible au point de vue de l'éducation esthétique. Il faut encore qu'on exerce tous les élèves en général « d'après la nature », et ceux d'entre eux « qui se feront peintres ou sculpteurs par état » (III, 496), à dessiner « d'après le modèle ».

Le dessin a encore ceci de caractéristique que, tout en aidant à la formation du goût chez les élèves, et partant, à leur éducation esthétique, il rend aussi d'énormes services pratiques. Il est utile à beaucoup d'arts mécaniques : l'ingénieur, l'architecte, le menuisier, etc., ne sauraient s'en passer. De plus, comme tout le monde « habite une maison » et que nous sommes tous exposés « à bâtir et à être volés par un maçon ou par un architecte », Diderot en conclut qu' « il n'y a pas un citoyen à qui les éléments, sinon de l'architecture, au moins de l'art de bâtir, ne fussent de quelque utilité ». (III, 495.) Faute de dessiner et de combiner les éléments de cet art de bâtir, on risque de rencontrer à chaque instant un obstacle qui s'oppose à la réalisation des idées, et en même temps on s'empêche de développer son imagination et sa mémoire.

Le dessin présente donc un double intérêt pratique et éducatif.

Diderot avait ébauché encore un quatrième cours, dont les matières d'enseignement seraient « la musique », « la danse », « l'escrime », « le manège » ou « l'équitation », la « nage ». Réflexion faite, il a supprimé ce dernier cours, puisqu'il n'est pas d'usage dans les universités d'y enseigner aucune de ces matières. (III, 450.)

« Ces trois cours d'études achevés, dit Diderot au terme de ses réflexions sur la Facultés des Arts, le petit nombre des élèves qui les aurait suivis jusqu'à la fin, se trouveront sur le seuil des trois grandes facultés : la faculté de médecine, la faculté de droit, la faculté de théologie; et ils s'y trouveront pourvus des connaissances que j'ai appelées primitives ou propres à toutes les conditions de la société, à l'homme bien élevé, au sujet fidèle, au bon citoyen, toutes préliminaires et quelques-unes d'entre elles, communes aux études des trois facultés dans lesquelles ils voudront entrer. » (III, 496.)

CHAPITRE II

L'ENSEIGNEMENT SUPÉRIEUR

Considérations générales sur les autres facultés de l'Université

Tout ce que Diderot avait dit concernant la philosophie générale de l'éducation, s'applique aussi bien à l'enseignement primaire et secondaire qu'à l'enseignement supérieur. Aussi, n'avons-nous pas à y revenir (1). Ce qui différencie cependant la Faculté des Arts des trois autres facultés de l'Université, c'est que dans la première on ne donne que des connaissances générales ou « primitives », « propres à toutes les conditions de la société », — une culture générale, dirions-nous aujourd'hui, — tandis que dans les dernières, on donne des connaissances spéciales ou « secondaires », nécessaires seulement à « l'état qu'on choisit ». (III, 443.) Les connaissances essentielles qui sont « élémentaires » en elles-mêmes, doivent être approfondies pour qu' « elles deviennent des connaissances d'état ». (*Ibid.*) Il s'agit donc de préparer dans la Faculté des Arts des hommes cultivés, ayant « des clartés de tout », suivant l'expression de Montaigne, les sentiments et la volonté développés, c'est-à-dire « l'homme purement homme » de l'auteur des *Essais;* tandis que dans les trois autres facultés, il s'agit simplement de préparer « *des hommes de profession* » ou « *des hommes de métier* », comme le dit Diderot, ou encore, des *spécialistes*, comme nous dirions aujourd'hui. Une autre différence entre l'enseignement secondaire et supérieur, c'est que des trois parties dis-

(1) « Ce qui concerne l'éducation publique n'a rien de variable qui dépende essentiellement des circonstances. Le but en sera dans tous les siècles : faire des hommes vertueux et éclairés » (III, 439).

tinctes de toute science ou de tout art, ce n'est que la première à savoir *l'historique* ou l'exposé plus ou moins étendu de ses progrès, qu'il convient d'enseigner aux élèves de la Faculté des Arts, ainsi qu'à toute personne plus ou moins instruite. Quant à ses « principes spéculatifs avec la longue chaîne des conséquences qu'on en a déduite (sa *théorie*), et à son « application à l'usage », (sa *pratique*), elles sont réservées aux *gens de métier* ». (III, 446.) Comme on le voit de ces indications sommaires, l'enseignement supérieur se distingue de l'enseignement secondaire soit par son *objet spécial* et *professionnel*, soit par sa *méthode*, bien que Diderot ne les ait pas nettement séparés l'un de l'autre. Ceci posé, il faut rappeler toutefois que l'objet des réflexions pédagogiques de Diderot a été la Faculté des Arts, de préférence à toutes les autres ». (III, 432; et l'Introduction de la IIIe partie de ce travail.) Aussi, ne s'arrête-t-il pas longuement sur chacune des trois facultés de médecine, de droit et de théologie. Il se contente d'esquisser très rapidement les diverses branches d'études de chacune de ces facultés.

I

La Faculté de Médecine

Parmi les trois autres facultés de l'Université, celle de Médecine « est la meilleure; il y a peu de chose à rectifier ». (III, 438.) Aussi, Diderot garde-t-il dans son *Plan* toutes les matières qu'on y enseignait à son époque : l'*histoire naturelle*, la *botanique*, la *chimie* et la *pharmacie*. Le seul reproche qu'il lui adresse, c'est qu'on n'y fasse « point de pratique », ce qui « est un grand défaut ». (*Ibid.*)

Ensuite, il montre les inconvénients graves d'une mauvaise préparation ou d'une préparation incomplète en matière de médecine. « Je considère, dit-il, un mauvais médecin comme une petite épidémie qui dure tant qu'il vit; deux mauvais médecins doublent cette maladie populaire; un corps de mauvais médecins serait une grande plaie pour toute une nation. » (III, 498.) C'est son amour immense pour les hommes qui amène Diderot à défendre ainsi la cause commune. Pour lui, « la santé publique est peut-être le plus important de tous les objets ». (III, 497.) C'est pourquoi il est convaincu qu' « un demi-médecin est pire qu'un demi-savant », car si « celui-ci importune quelquefois, l'autre tue ». (*Ibid.*) Le seul moyen de remédier à tous ces inconvénients, c'est de mettre les docteurs en médecine à la hauteur de leur tâche si délicate. Cette préparation est une œuvre de longue haleine, puisque « les connaissances relatives à la médecine sont très étendues ». (*Ibid.*)

Pour arriver à avoir de bons docteurs en médecine, « il faut, dit-il, 1° créer un nombre suffisant de professeurs et les faire stipendier, de manière qu'ils puissent se livrer tout entiers à l'enseignement; 2° établir à côté des écoles un hôpital où les élèves soient initiés à la pratique; 3° obliger les maîtres à suivre un ordre fixe et déterminé dans le cours des études ». (III, 499.)

Cet ordre des études de la Faculté de Médecine est le suivant : 1° *Chaire d'anatomie et des accoucheurs;* 2° et 3° *Chaires des institutions de médecine;* 4° *Chaire de chirurgie;* 5° *Chaire de matières médicales et pharmacie;* 6° et 7° *Chaires d'histoire des malades et de leur traitement.* (III, 500.) Le cours des études de la médecine sera donc de sept années (III, 504), dont chacune sera réservée dans leur ordre respectif, aux sept branches que nous venons d'énumérer. Diderot décrit ensuite sommairement la méthode d'enseigner chacune de ces diverses matières et il en indique l'étendue. Enfin, il demande qu'on ferme « toujours les cours par un discours sur l'importance de l'art, ses progrès et son histoire, le caractère et les devoirs du vrai médecin, l'incertitude et la certitude des signes de la mort ». (*Ibid.*)

II

La Faculté de Jurisprudence

Les critiques violentes qu'adresse Diderot à la Faculté de Droit de son temps se ramènent à dire qu'elle « ne s'occupe que du droit romain » (III, 437), droit qui n'a presqu'aucun rapport, d'après lui, avec le droit français. Il reproche amèrement à toute personne décorée « du bonnet de docteur en droit d'être aussi empêché, si quelqu'un... lui conteste son champ que le dernier des citoyens ». (III, 437.) Diderot ne peut qualifier une faculté française de droit où « on ne lit pas un mot de droit français, pas plus du droit des gens », (*Ibid.*), autrement que par l'épithète de « misérable ». Aussi, se propose-t-il d'organiser les études de la faculté du droit dans un esprit essentiellement pratique. Elle aura un cours d'études de quatre années où on étudiera successivement les branches suivantes : 1° *le droit naturel*; 2° *l'histoire de législation*; 3° *les institutions ou droit des gens*; 4° *les institutions de Justinien*; 5° *le droit civil national*; 6° *le droit ecclésiastique en général* et *le même droit national*, et 7° *la procédure civile et criminelle.*

Ici encore, comme tout à l'heure, Diderot se préoccupe avant tout de l'application et de la pratique; de sorte que le droit romain, dans son ensemble, par exemple, ne doit être enseigné à la Faculté qu'à cause de son « application au droit moderne ». Et c'est pourquoi « il n'y a point de nation civilisée qui ne doive adopter la source des vrais principes de toutes les espèces de contrats [qu'est le droit romain], dictés par la raison et l'équité ». (III, 506.)

Après avoir exposé les différentes branches d'études de la Faculté de Droit, Diderot parle « de la police des écoles », « des examens », etc. Mais nous reviendrons sur cette question plus loin en traitant de l' « organisation générale des écoles »; car les réflexions qu'il fait ici sur la police des écoles et les examens, se rapportent aussi bien à la faculté du droit *qu'à toutes les autres* écoles publiques en général.

III

La Faculté de Théologie

Les longs développements que Diderot consacre à la Faculté de Théologie nous montrent assurément, une fois de plus, combien distinctes sont les deux personnalités qu'il y a en lui : l'homme pratique et le philosophe théoricien. Quand on a vu Diderot se proposer dans l'Encyclopédie de faire disparaître l'esprit théologique pour mettre à sa place l'esprit philosophique et scientifique, de ramener la philosophie elle-même des hauteurs de la métaphysique aux applications morales et sociales, on peut s'étonner de le voir maintenant exposer le plan d'une faculté de théologie et cela dans un tel esprit que les Jésuites eux-mêmes ne l'auraient pas désavoué. Mais c'est que la pensée de Diderot sait s'adapter aux circonstances. Il s'en faut, d'ailleurs, qu'il se départisse complètement de ses sentiments extraordinaires. Ainsi, avant de dresser le programme de la faculté de théologie, il insiste sur les traits caractéristiques des prêtres afin qu'on ne se dispense pas d'exercer sans cesse sur eux un contrôle sévère.

Pour préparer Catherine II à supporter, sans être scandalisée, les idées qu'il va émettre successivement, il dit que « le prêtre, bon ou mauvais, est toujours un sujet équivoque,... ligué tantôt avec le souverain contre le peuple, tantôt avec le peuple contre le souverain ». Celui-ci est ou son « ennemi ou son lecteur ». (III, 510.) Ces considérations l'incitent à aller plus loin encore et à faire sentir à l'Impératrice l'inconvénient grave qui peut résulter de ce fait que « le chef de la Société vient se confesser et rougir des fautes qu'il a commises, et le prêtre l'absout ou le lie ! » (*Ibid.*) Après avoir dit aussi qu'il ne « hait point le prêtre », et que « s'il est bon », il le « respecte », il déclare expressément que, exceptions à part, le prêtre est « intolérant et cruel », que « l'hypocrisie est une vertu sacerdotale », puisque « le plus pernicieux des scandales est celui que le prêtre donne » (III, 511.) Dès lors, Diderot croit très à propos de conclure que « ce qui regarde l'ordre politique n'appartient point à la théologie ». (III, 516.) Il veut donc enfermer les prêtres dans leur faculté de théologie et dans leur église en dehors desquelles ils n'auront aucune occupation. S'il consent à les conserver, ce n'est pas « comme des dépositaires de vérités » et « comme des précepteurs des gens sensés », mais « comme des obstacles à des erreurs possibles et plus monstrueuses encore », et « comme les gardiens des fous; et leurs églises, comme l'asile ou les petites maisons d'une espèce d'imbéciles qui pourraient devenir furieux si on les négligeait entièrement ». (III, 517.) Donc, Diderot gardera les prêtres, mais à la condition qu'ils soient « bons, c'est-à-dire *instruits*, *paisibles* et *édifiants* ». (III, 517.) S'il est difficile, dit-il de se passer des prêtres partout où il y a une religion, il est aisé de les avoir paisibles, s'ils sont stipendiés par l'Etat, et menacés, à la moindre faute, d'être chassés de leurs postes, privés de leurs fonctions et de leurs honoraires et jetés dans l'indigence ». (III, 517-18.)

Ce sont ces prêtres *instruits*, *édifiants* et *paisibles* que Diderot se propose de préparer en instituant la faculté de théologie. L'enseignement de cette faculté doit comprendre : 1° *la Science de l'Ecriture Sainte;* 2° *la Théologie dogmatique et la Théologie morale;* et 3° *l'histoire ecclésiastique*. (III, 514.) — Le souci principal de Diderot dans cet enseignement est de simplifier autant que possible la théologie « d'où sortent toutes les hérésies, les disputes et les troubles les plus funestes de la société ». (*Ibid.*) Il interdit à cet effet « toutes les recherches curieuses, les systèmes qui ne produisent que des erreurs et des partis ». (*Ibid.*) Par contre, il veut que les professeurs de la théologie morale entrent « dans les détails des devoirs communs à tous les hommes » et qu'ils développent « les principes de la loi naturelle, mais relativement à la conscience ». (*Ibid.*)

Étant persuadé que « la faculté de théologie ne peut pas être totalement supprimée » (III, 518), Diderot demande qu'on l'organise en vue « de former de bons et savants ecclésiastiques ». Aussi, n'aprouvera-t-il pas « la politique qui regarderait le clergé avec la même indifférence que les autres corporations et qui permettrait à chacun d'être prêtre, bon ou mauvais prêtre ». (III, 517.) Au contraire, il veut que le prêtre soit bon, ou il n'en veut pas.

***

Outre ces trois sortes d'écoles dont nous venons de parler, Diderot en avait projeté encore d'autres, comme une école de *politique* ou des affaires publiques, une école de *marine*, une école d'*agriculture et de commerce, une école de peinture et de sculpture*, etc. ; mais plus tard, il a renoncé à élaborer des plans pour toutes ces écoles d'ordre technique. Ce n'est cependant pas sans un certain regret qu'il abandonne tous ces projets. « Je cède, dit-il, bien ridiculement à l'usage ;... et il faut que je sois étrangement subjugué par la routine pour supprimer l'école d'agriculture. » (III, 450.)

CHAPITRE III

ORGANISATION PRATIQUE DES ÉCOLES PUBLIQUES

Diderot ne s'est pas borné à tracer les programmes généraux des études; il s'occupe également de l'organisation pratique des écoles. Il ne craint pas d'entrer dans les détails les plus insignifiants pour tout ce qui concerne la vie scolaire.

I

L'organisation extérieure des écoles

Ayant le sens des réalités pratiques beaucoup plus qu'Helvétius, Diderot ne pense pas un seul instant que le rêve de l'auteur de *L'Homme*, relativement à ces maisons d'éducation, « édifiées à la campagne, bien aérées, avec de vastes emplacements propres à favoriser les exercices du corps », soit jamais réalisable. Il prend les choses telles qu'elles se présentent. Sans aller jusqu'à demander le transfert des écoles des villes à la campagne, il se contente de montrer dans quelle mesure il est possible de remédier aux inconvénients inhérents à toutes sortes d'écoles publiques. Celles-ci doivent avoir leur « corps de bâtiments séparés, à l'instar (1) de celui de la Faculté des Arts qui servira de modèle pour les autres ». Ce corps de bâtiment doit comprendre « le loge-

(1) Pour Diderot la Faculté des Arts se rattache à l'Université d'une telle façon qu'il ne conçoit pas des organisations diverses pour les deux institutions pourtant très différentes l'une de l'autre.

ment du principal, celui de l'économe, celui du préfet, celui du chapelain, des chambres séparées pour les professeurs et les répétiteurs; des salles d'études pour les basses classes, des dortoirs communs pour ces mêmes basses classes, des salles communes d'études et de répétitions pour les hautes classes, des chambres particulières et séparées pour les élèves avancés en âge et en instruction ». (III, 533.) Quant aux classes, il en faut « autant de séparées qu'il y a de professeurs différents ou de divisions dans la totalité du cours ». (*Ibid.*) Diderot veut qu'il ait encore dans une école « des salles pour les récréations intérieures, un lieu vaste, en plein air, ombré et sablé, pour les récréations générales ». Si l'on ajoute à ces bâtiments « une bibliothèque en tout genre d'études avec le logement de bibliothécaire, des cabinets d'histoire naturelle, de collection d'instruments de mathématiques, d'astronomie et de physique expérimentale », ainsi qu'un laboratoire de chimie, un hôpital adjacent aux écoles de médecine, un séminaire adjacent aux écoles de théologie », on aura tout ce que Diderot désire « de mieux sur l'institution d'une université ». (III, 534.)

II

Organisation intérieure des écoles

L'organisation matérielle de l'école ainsi achevée, il importe de la doter d'un personnel et de préciser les devoirs de chacun. Le personnel d'une école comprend : 1° *les maîtres;* et 2° *les élèves.*

1° *Les maîtres et leurs collaborateurs à l'école*

« Une Université, dit Diderot, doit avoir un chef ou un inspecteur général des mœurs et des études. Cette fonction doit être remplie par un homme d'Etat, distingué, expérimenté et sage. C'est à son tribunal que seront portées toutes les affaires contentieuses. » (III, 521.) Outre cet inspecteur général, « dans chaque collège il faut un principal dont la fonction soit de surveiller les maîtres et d'ordonner toute l'administration de la maison. Sous le principal, un préfet ou un surveillant des écoliers, un économe et un chapelain. Le préfet ne surveille les étudiants que hors des écoles, c'est une espèce de lieutenant de police ». (*Ibid.*) Diderot ne s'étend pas sur les devoirs de ces supérieurs des écoles qui ne se distinguent pas du reste de ceux des maîtres.

Au contraire, il juge nécessaire de parler en détail de la fonction, très importante à ses yeux, des répétiteurs ou des maîtres du quartier. « Cette fonction participe de celle des professeurs et de celle du préfet, car le répétiteur fait la police lorsque le mauvais temps renferme les élèves dans l'intérieur de la maison. Il préside aux études que les élèves font hors des classes. Il leur fait répéter la leçon de la classe. C'est lui qui répond aux professeurs, de la diligence et des progrès des étudiants, au principal, de la conservation de leurs mœurs ». (III, 521.) C'est, en somme, lui qui est chargé, en quelque sorte, de l'éducation des élèves. On comprend mieux encore l'importance de la fonction du répétiteur lorsqu'on se fait une idée de la journée de l'étudiant. Celui-ci est, pendant les trois quarts de la journée, sous les ordres du répétiteur, qui accomplit exactement la fonction d'un professeur lorsque les étudiants se préparent seuls, à la répétition des leçons reçues dans la classe ou bien lorsqu'ils sont en répétition. Dès lors, « le répétiteur doit être aussi instruit que le professeur », puisqu' « un de ses devoirs est de le remplacer lorsqu'il est indisposé ». (III, 522.) Il importe, par conséquent, que son « attente de devenir professeur à la vacance d'une chaire ne soit pas trompée, lorsqu'on n'a rien de grave à lui reprocher », puisqu'il est déjà « un professeur en survivance».

Diderot nous dit qu'il a suivi jusqu'ici « l'ordre et la discipline » des collèges de son temps, ayant « connu par son expérience l'utilité (de cette discipline) pour les bonnes mœurs et pour les progrès dans la science ». (III, 522.) Cet aveu n'aurait rien d'étonnant, s'il n'avait pas dit expressément que « des idées bonnes ou mauvaises, qui forment ce plan d'écoles publiques, il n'en doit *aucune* à personne ». (III, 534.)

Puisque « le moyen le plus sûr de juger d'une école, c'est de voir si les élèves qu'on y fait permettent un jour de bons maîtres », et que, si elle conduit à ce terme, elle est bonne, si elle n'y conduit pas, elle est mauvaise » (III, 529), il importe de savoir quelles sont les conditions que doit remplir « un bon maître », tel que Diderot le comprend. « Quelles sont les qualités à désirer dans un bon maître ? » — « La science approfondie de la matière qu'il doit enseigner, une âme honnête et sensible ». (*Ibid.*) « Je ne demande, dit-il encore, à un maître que de bonnes mœurs qu'on exige de tout citoyen, que les lumières que l'enseignement de son école suppose, et qu'un peu de patience qu'il aura, s'il veut bien se rappeler qu'il fut autrefois ignorant ». (III 530.) « Le premier pas de la sagesse de nos jours, dit-il encore, a été de rapporter tout à la culture de la terre, le second pas qui lui reste à faire, c'est de sentir l'importance de l'éducation publique ou de la culture de l'homme ». (III, 521.) La préparation des futurs maîtres n'est donc pas, aux yeux de Diderot, chose indifférente, puisque, pour lui, tout le succès de l'œuvre de l'éducation dépend d'eux. Pour cela, il conseillera à la tsarine d'envoyer des élèves stipendiés aux divers centres intellectuels de l'Europe, « à Leipzig, à Londres, à Paris », pour que ceux-ci se préparent à la tâche si délicate du professorat. . Comme plus tard l'efficacité de toute l'œuvre de l'éducation dépendra d'eux, Diderot ne veut pas qu'on les abandonne à leur sort dans ces villes étrangères. Au contraire, il dit expressément qu'il faut les confier « à un honnête homme qui les renferme dans une même maison et qui veille à la conservation de leurs mœurs et à leurs progrès dans les sciences ». (III, 532.)

Diderot, on le voit, attache une importance capitale « aux bonnes mœurs », qui sont la condition *sine quâ non* du bon professeur. Ceci est à remarquer encore lorsqu'il dit : « Pour le moment (et en attendant les futurs maîtres qui sont en train de se préparer) on en appelle de toutes les contrées, bons, médiocres, mauvais, qu'ils aient des mœurs, cela suffit ». (*Ibid.*) Et si, par malheur, on a affaire à un maître vicieux, « il ne faut jamais traiter sa faute légèrement », car l'indulgence déplacée pour l'instituteur, retombera sur les enfants, et partant, sur l'espoir de la nation ». (III, 530.)

Mais s'il importe de punir sévèrement un « maître vicieux », il importe à plus forte raison d'encourager et de récompenser un « bon maître ». Pour ne pas donner lieu à l'arbitraire, il ne faut d'autre inspecteur absolu de l'éducation publique que l'Etat », à qui revient tout droit de « nommer, continuer ou changer le recteur et les principaux »; de « déposer fes professeurs, de chasser les répétiteurs, etc. ». (III, 531.) Il faut que les maîtres restent le plus longtemps possible dans leur classe, pour qu'ils puissent acquérir une plus grande expérience dans la branche qu'ils enseignent. Et enfin, ils doivent être bien stipendiés pour qu'ils n'aient d'autre souci que celui de leur tâche de maître. S'ils sont mariés et chargés d'une famille nombreuse, « il ne faut pas que leurs avantages soient moindres que ceux des célibataires ». Mais tout en admettant que « s'ils sont pères de famille, ils n'en seront que plus doux et plus compatissants pour les élèves », Diderot ne veut cependant pas qu'ils aient leur logement à l'intérieur de l'école : « point de femmes dans un collège; le mélanges des deux sexes ne tarde point à y introduire les mauvaises mœurs et la division. » (III, 530.) Pour que les maîtres se donnent entièrement à leur tâche et qu'ils fassent preuve d'un dévouement exclusif à leurs devoirs professionnels,

« il ne suffit pas qu'ils soient honnêtement stipendiés; il serait encore à propos de pourvoir au temps de la vieillesse et des infirmités. L'assurance d'une pension viagère après un certain nombre d'années de bons services, les rendrait attentifs à leurs devoirs, les attacherait à leur place et les soutiendrait ». (III, 532.) Pour encourager les professeurs de mérite, « sans aucun regard à l'ancienneté, Diderot propose encore à l'État de leur accorder « des prérogatives honorifiques, des gratifications et d'autres récompenses encore », car « il est rare que l'âme conserve de la dignité et de l'élévation dans un état subalterne qui ne mène à rien d'important ». (III, 519.) Par contre, pour s'assurer de la conservation des bonnes mœurs, il ne veut « aucun émolument des étudiants ». (III, 508.) Si toutes ces conditions sont remplies strictement et les promesses des maîtres et de l'administration de l'école fidèlement tenues, alors Diderot est sûr des effets attendus de l'éducation.

2° *Les élèves*

Mais si les maîtres et les autres fonctionnaires des écoles sont soumis à un règlement et tenus de remplir certaines conditions, on ne saurait guère en dispenser les *élèves* qui sont un autre élément important du personnel d'une école.

Ils doivent remplir eux aussi tout d'abord certaines conditions pour être admis dans une des écoles publiques. La Faculté des Arts étant la seconde échelle de l'enseignement, celui qui se présente à sa porte, doit avoir déjà parcouru l'enseignement que donnent « les écoles à lire, à écrire et à compter ». (III, 447.) S'il ne possède pas cette première culture, « son esprit n'est pas assez avancé »; c'est pourquoi « la porte de l'université ne lui sera pas ouverte ». (*Ibid.*) De même, si l'on veut entrer dans une des trois facultés de l'enseignement supérieur, il faut avoir déjà suivi les cours de la Faculté des Arts qui sert en quelque sorte d'entrée aux autres. Quant à l'âge d'admission à ces différentes écoles,

Diderot ne le fixe pas : « Je suppose, dit-il, que ce n'est pas sur le nombre des années, mais sur le progrès de l'entendement qu'il faut admettre ou éloigner un enfant dans une école publique des sciences. » (*Ibid.* et III, 520.) — Une fois admis à l'école, les élèves seront tenus à se soumettre absolument aux règles que sanctionne la discipline dont nous avons dit plus haut les principes généraux.

En ce qui concerne plus spécialement la vie des élèves à l'intérieur même de l'école, elle varie, suivant qu'ils sont *pensionnaires*, *boursiers* ou *externes*. « Les pensionnaires habitent le collège; ils y sont logés, instruits et nourris aux frais des parents. Les externes n'y sont qu'instruits. Les boursiers ne diffèrent des pensionnaires qu'en ce qu'ils sont logés, vêtus, nourris, instruits, défrayés de toutes dépenses par la bienfaisance de quelque homme riche qui a fondé les places qu'ils occupent » (1). (III, 525.) Tous les élèves doivent cependant être rassemblés « pour l'étude intérieure », jusqu'à l'âge de quinze ans, dans les grandes classes communes. Passé quinze ans, chaque étudiant a sa petite cellule particulière. (III, 522.)

Mais à quelque catégorie qu'ils appartiennent, tous les élèves doivent suivre ensemble leurs classes. Celles-ci ne doivent pas être considérées comme des unités à part qui se suffisent. Au contraire, elles se relient les unes aux autres et ne forment en quelque sorte qu' « une seule grande classe qui a ses différentes divisions ». « Le séjour des élèves, dit Diderot, dans chacune des divisions ne doit se régler que sur leurs progrès. Il y a des élèves d'une conception précoce et facile, d'autres dont l'esprit est tardif et d'une marche lente; il y en a d'appliqués et de dissipés et qu'il faut, par conséquent, ou

(1) Ces bourses doivent être « au concours public, ou accordées à un mérite constaté par un examen rigoureux » pour éviter à l'école d'être remplie par des ineptes « protégés. » Diderot veut rejeter les bourses offertes par toute personne qui ne renonce pas à nommer elle-même le sujet à protéger.

arrêter dans la même division ou transporter dans la division qui suit. » (III, 526.) Tout cela, c'est l'exigence même de la justice; pourvu qu'on ne laisse pas un étudiant « avancer un pas dans la carrière », avant de savoir ce qui précède, c'est tout ce qu'on doit demander aux élèves précoces.

3° *La journée du collège*

Puisque le but de l'éducation peut être atteint par un bon emploi du temps, Diderot nous le précise très soigneusement dans un chapitre intitulé « la journée du collège ». C'est la cloche, nous l'avons vu, qui doit commander à tous ceux qui sont à l'école, aux élèves et aux maîtres, aux fonctionnaires subalternes aussi bien qu'aux supérieurs. C'est elle qui doit réveiller les étudiants et régler l'emploi de la journée scolaire. Voici l'horaire que dresse Diderot :

A 6 heures, les élèves seront déjà habillés et la prière sera faite.

6 h. — 6 h. 3/4, étude;

6 h. 3/4 — 7 h. 3/4, répétition sous les répétiteurs;

7 h. 3/4 — 8 h. 1/2, déjeuner et récréation, chaque classe dans sa salle;

8 h. 1/2 — 10 h. 1/2, classe du premier cours, sous leurs professeurs;

10 h. 1/2 — 11 h. 3/4, étude particulière;

11 h. 3/4 — 12 h. 3/4, dîner;

12 h. 3/4 — 1 h. 1/2, récréation générale de tous les étudiants ensemble, en plein air, s'il fait beau; ou récréation intérieure de chaque classe dans sa salle, s'il fait mauvais temps;

1 h. 1/2 — 2 h. 1/2, étude dans leur salle;

2 h. 1/2 — 4 h. 1/2, classe du second cours;

4 h. 1/2 — 5 h. 1/4, classe du troisième cours;

5 h. 1/4 — 6 h., goûter et récréation générale;

6 h. — 6 h. 3/4, étude particulière;

6 h. 3/4 — 7 h. 3/4, répétition chez les maîtres des leçons des deux premiers cours d'études;

7 h. 3/4 — 8 h., récréation;

8 h. — 8 h. 3/4, souper;

A 9 heures, la prière sera faite et les étudiants seront tous couchés à 9 h. 1/4, et la journée studieuse sera ainsi terminée. (III, 523-4.)

Cet emploi du temps doit être strictement observé tous les jours de la semaine, excepté les deux après-midi du mercredi et du samedi qui seront consacrées au repos hebdomadaire des maîtres, aux jeux et aux exercices des élèves. Ces exercices ont pour but d'éviter autant que possible « la stagnation des humeurs » qui amène l'altération et la corruption ». (III, 524.)

4° *Les examens des élèves*

Mais il ne suffit nullement de dresser des horaires, de statuer des règles : il faut encore en contrôler l'exécution. Le contrôle auquel doit s'astreindre tout élève à des époques déterminées, comprend les *examens* sous toutes leurs formes. « Quatre fois l'an, dit Diderot, il y aura examen des élèves en présence des sénateurs ou magistrats. Deux fois l'an il y aura exercices publics de chaque classe. Des programmes imprimés en exposeront la nature et inviteront tous les citoyens à y assister. Ce qu'il importe d'exiger, c'est que tous les élèves de la classe, ignorants ou instruits, soient indistinctement exposés à répondre aux questions des assistants : moyen excellent d'honorer la diligence, de punir la paresse des élèves et de soutenir l'émulation des maîtres. Les exercices publics se feront sur les trois cours parallèles de l'éducation publique. » (III, 528.)

Comme on le voit, un des buts que se propose Diderot dans ces examens et exercices publics, c'est de soutenir l'émulation des élèves aussi bien celle des maîtres. (III, 508.)

L'autre but des examens est de se rendre compte des progrès que les élèves ont faits dans le courant de l'année scolaire.

En désignant comme juges des élèves dans ces examens « tous les citoyens » en général, et « les représentants de l'Etat » en particulier, Diderot se propose de montrer que l'éducation est chose sociale par excellence. En effet, c'est d'après ces « épreuves publiques » que les élèves seront jugés dignes ou indignes de passer à la classe plus élevée; et c'est encore par suite de ces examens que seront « renvoyés les sujets ineptes à leurs parents ». (III, 521). Diderot indique ici tous les menus détails de ces exercices publics, qui s'ouvriront par la cérémonie de la prestation de serment des maîtres. Cette formalité est destinée à assurer le public « qu'il n'y a, dans les questions, aucune connivence entre eux et leurs élèves ». Le rôle des maîtres dans toutes ces épreuves se réduit à interroger les élèves. C'est aux représentants de l'Etat que revient le droit de veiller et d'apprécier toutes ces épreuves. Ce contrôle de l'Etat ne doit cependant pas discréditer les maîtres, car de même « qu'un père, une mère qui méprise l'instituteur de son fils, l'avilit et l'enfant est mal élevé », de même, un souverain qui n'honore pas les maîtres de ses sujets, les réduit à la condition de pédant et la nation est mal élevée. (III, 510.)

5° *Les livres*

Mais pour que les élèves puissent s'instruire comme il convient, il faut qu'ils aient de bons livres classiques, « faits avec clarté et avec précision ». Ces manuels sont « des choses les plus désirables pour l'avancement des sciences et des lettres ». (III, 423.) Diderot se plaint de ce qu'ils font défaut pour toutes les branches, en général, alors que partout on a d'excellents traités en tout genre », et qu' « un bon livre classique n'est qu'un abrégé bien fait de ces grands traités ». (III, 532.) Cherchant ensuite la raison de cette rareté, il croit la trouver dans ce fait qu'un traité classique ne peut être que « l'ouvrage d'hommes méthodiques; il n'est pas donné à un demi-savant, pas même à un savant, d'ordonner les vérités, de définir les termes, de discerner ce qui est élémentaire et essentiel de ce qui ne l'est pas, d'être clair et précis » et de mettre « du goût dans le choix des exemples ». Or, comment remédier à cet inconvénient grave ? Diderot veut que « tout professeur imprime un livre qui serve de fondement à ses leçons, qui explique à ses auditeurs les principes auxquels il ramène toutes les digressions dont il se sert pour rendre les éléments de chaque science plus frappants et plus simples ». (III, 423.) Mais comme il est urgent que les élèves aient de ces manuels entre les mains, on ne peut attendre que la tâche de les composer ait été distribuée à tous les savants d'Europe. (III, 523. Aussi, à propos de chaque branche d'études, Diderot prend-il soin d'indiquer quels sont, en la matière, les meilleurs classiques.

Telles sont, en gros, les considérations générales relatives à l'organisation pratique des écoles que Diderot a soumises « au jugement de S. M. la Tsarine, dont la bienfaisance et l'équité seront les meilleurs avocats ». Si toutefois il y a quelques omissions importantes et des choses inutiles, « c'est à Elle de les ajouter au plan ou de les retrancher ». (III, 534.)

Comme on l'a vu, malgré les grosses difficultés que suppose l'œuvre très sérieuse de l'éducation, Diderot a plein espoir en elle. Sans doute, « il faudrait se moquer de la simplicité de ces bonnes gens qui ont prétendu former d'honnêtes et habiles citoyens, des hommes utiles, de grands hommes, en se promenant, en plaisantant...; accoutumer la jeunesse à la pratique éclairée des vertus et l'initier aux sciences par manière de passe-temps ». (III, 431.) Mais de ce que l'éducation est chose sérieuse, il ne suit nullement qu'elle soit impossible. Au contraire, elle a prise sur l'immense majorité des gens, si l'on sait s'y prendre.

Dans son article sur « *Locke* » de l'Encyclopédie, Diderot adresse à l'éducateur l'éducation suivante : « Accoutumez-le (le nouveau-né), dit-il, à marcher tête-nue; rendez-le insensible au froid des pieds. Nourrissez-le d'aliments simples et communs. Allongez sa vie en abrégeant son sommeil. Multipliez son existence en appliquant son attention et ses sens à tout. Armez-le contre le hasard, en le rendant insensible aux contre-temps; armez-le contre le préjugé en ne le soumettant jamais qu'à l'autorité de la raison; si vous fortifiez en lui l'idée générale de l'ordre, il aimera le bien; si vous fortifiez en lui l'idée générale de honte, il craindra le mal. Il aura l'âme élevée, si vous attachez ses premiers regards sur de grandes choses. Accoutumez-le au spectacle de la nature, si vous voulez qu'il ait le goût simple et grand, parce que la nature est toujours grande et simple ». (XV, 524.) Or, après l'étude du *Plan d'une Université* que nous avons faite dans la IIIe partie de ce travail, on peut dire que Diderot s'est efforcé de mettre lui-même ces conseils en pratique. Par les trois cours parallèles de l'enseignement public, il croit avoir atteint les divers buts que sa pédagogie avait assignés à l'éducation.

Pour conclure, nous pouvons donc dire que le *Plan d'une Université* est un traité systématique dans lequel Diderot expose tous les moyens de développer harmonieusement les diverses facultés de l'enfant, c'est-à-dire de faire cette éducation *physique*, *intellectuelle*, *esthétique* et *morale* ou sociale, dont sa pédagogie théorique a montré la possibilité, en même temps que la nécessité.

CONCLUSION

Au terme de cette étude, il y a lieu de nous demander : quelles sont les conceptions pédagogiques de Diderot qui lui ont survécu ? De ce que l'Impératrice de Russie, Catherine II, n'a essayé de mettre en vigueur aucune d'elles, peut-il s'ensuivre qu'elles soient toutes chimériques ? — Nous ne le croyons pas; bien au contraire, nous sommes persuadé que l'influence de la pédagogie de Diderot n'a pas été moins féconde que celle de ses autres spéculations philosophico-scientifiques. Un premier fait va nous en convaincre, ce sont les remarquables analogies que présente la pédagogie de A. Comte avec celle de Diderot. Sans doute, A. Comte n'a pas connu le *Plan*, puisqu'il n'a été publié pour la première fois qu'en 1877, c'est-à-dire 20 ans après la mort du fondateur du positivisme. Mais il l'aurait apprécié pleinement.

En analysant leurs idées relatives à la philosophie générale de l'éducation, on peut établir un parallélisme entre ces deux doctrines sur les quatre points suivants : 1° *la perfectibilité de l'esprit humain;* 2° *le caractère encyclopédique de l'instruction;* 3° *l'enchaînement des diverses sciences et la place faite à celles-ci dans la classification des diverses branches d'études;* et 4° *le droit qu'a le peuple à l'instruction.*

Sur le *premier point*, nous connaissons (V. le Ier chap. de la IIe partie de ce travail) l'attitude de Diderot contre Helvétius. Il se refuse à voir dans l'esprit humain une sorte de cire molle, de matière plastique, dont l'éducateur peut faire ce qu'il veut. Il ne croit pas à la perfectibilité indéfinie de l'homme. Il est sûr que l'éducation « fait beaucoup », mais il reproche amèrement à Helvétius de conclure de ce fait qu'elle *seule* fait toute la différence entre les individus à peu près bien organisés ». A. Comte combat, lui aussi, la conception d'un Joseph de Maistre, d'un De Bonald et des théocrates en général, partisan de « l'immobilité absolue de l'esprit humain et des institutions sociales, et le préjugé métaphysique du XVIIIe siècle en faveur de « la perfectibilité indéfinie » de l'intelligence. Par cette position intermédiaire, il entend sauvegarder la cause du progrès des institutions sociales, aussi bien contre « les conditions immuables » des théocrates, que contre « la divagation des métaphysiciens et leur volonté absolument arbitraire », et assurer par là l' « amélioration » intellectuelle et morale de l'esprit humain. La *loi des trois états* peut donner un corps à cette conception fondamentale. Elle montre que l'esprit humain peut changer, se développer, mais que ce changement se fait dans un sens déterminé, et n'est pas modifiable arbitrairement. Il est régi par une « stabilité relative » qui, elle-même, doit être « progressive et régulière ».

En ce qui concerne le *caractère encyclopédique* de l'instruction, il n'est pas moins curieux de remarquer que, hostiles à toute culture trop spécialisée, ils réclament tous les deux une culture toute « générale ». C'est pourquoi, sans doute, ils critiquent très amèrement toute entreprise pédagogique qui tend à préparer des spécialistes, ou des « têtes bien remplies » et non pas des « têtes bien faites », comme le voulait Montaigne. Pour Diderot, « l'objet d'une école publique n'est point de *faire un homme profond en quelque genre que ce soit*, mais de l'initier à *un grand nombre de connaissances*, dont l'ignorance lui serait nuisible dans tous les états de la vie et plus ou moins honteuse dans quelques-uns. (III, 443-5.) D'ailleurs, Diderot lui-même étant « assez versé dans toutes les sciences pour en connaître le prix, pas assez profond dans aucune pour se livrer à une préférence de métier », veut, comme Montaigne, qu'on ait des « clartés de tout », ou, en d'autres termes, une culture encyclopédique.

C'est avec la même ardeur qu'a insisté A. Comte sur la

nécessité de cette culture « générale » en vue « de la réorganisation fondamentale de l'éducation positive ». Il a critiqué, lui aussi, sur le même ton que Diderot, cet « isolement trop prononcé », cette « spécialité exclusive qui caractérise encore notre manière de concevoir et de cultiver les sciences », et qui « influe nécessairement à un haut degré sur la manière de les exposer dans l'enseignement ». (A. Comte, *Cours de ph. pos.*, I, 36.) L'analogie devient beaucoup plus frappante encore, lorsque A. Comte dit expressément, comme Diderot, qu'il est « impossible » de devenir un astronome, ou un chimiste, etc., sans s'être initié préalablement à tout « un ensemble de conceptions positives sur toutes les grandes classes de phénomènes naturels ». A. Comte, *Cours*, (*Ibid.*). Dès lors, « il est tout à fait chimérique », relativement à l'éducation générale, « de procéder d'une manière plus ou moins exclusive dans l'étude des diverses matières de l'éducation positive ». Celle-ci exige absolument que « les différentes sciences, présentées à toutes les intelligences comme les diverses branches d'un tronc unique, soient réduites d'abord à ce qui constitue leur esprit, c'est-à-dire leurs méthodes principales, à leurs résultats les plus importants ». (*Ibid.*) « L'éducation vraiment rationnelle » sera donc nécessairement « une éducation encyclopédique. Pour Diderot, aussi bien que pour Comte, cette instruction générale est indispensable même au point de vue de toute l'œuvre de l'éducation. Car tous les deux sont convaincus que « toutes les spécialités seraient nécessairement insuffisantes pour renouveler réellement le système de notre éducation, si elles ne reposaient sur la base préalable de cet enseignement général ». (*Cours*, I, 37.) Si donc l'éducation doit être « la même pour tous », comme le veut Diderot, ou si elle doit avoir « toujours le même fond homogène », comme le veut A. Comte, l'instruction sera, au contraire, plus ou moins détaillé et approfondie. Celle-ci « offrira, d'après A. Comte, des variétés d'extension dans un système constamment semblable et identique ». (*Ibid.*, I, 459.) Il faut savoir un peu de tout, dit Diderot, car sans cela on ne sait rien de bien; on ignore où une chose va, d'où une autre vient; où celles-ci et celles-là veulent être placées ». (V, 415.) Dès lors, tout le monde doit avoir une culture plus ou moins encyclopédique, même et surtout les spécialistes, car plus on se spécialise dans une science technique, plus on se rend compte de cette vérité qu'il y a une liaison très étroite entre toutes les sciences.

Ces considérations nous amènent à dire un mot de *l'enchaînement des diverses branches d'études*, dont Diderot et A. Comte ont parlé très longuement et presque dans les mêmes termes, et à indiquer *la place qu'ils ont faite aux sciences dans « la hiérarchie des connaissances de l'esprit humain »*.

Nous savons que le service éminent qu'on ne peut contester à l'Encyclopédie, « c'est, comme le dit Lemontay dans son *Eloge de Morellet*, le rapprochement qu'elle opéra entre toutes les branches du savoir ». (Cité par Ducros, *Les Encyclopédistes.*) En effet, Diderot a signalé à chaque page de l'Encyclopédie, et ultérieurement dans son *Plan*, les emprunts incessants que se font les unes aux autres les sciences qui semblaient n'avoir entre elles rien de commun, et il a fait éclater ainsi aux yeux de tous l'évidence et la fécondité de cette idée que les sciences s'entr'aident mutuellement et que les savants ont besoin les uns des autres. Nous savons aussi que Diderot a attaché une très grande importance, dans sa classification des diverses branches d'études, à cet enchaînement naturel des sciences qui lui a servi par moment de critérium.

Or, cette idée a été admirablement développée par A. Comte et, avec lui, par toute son école. Singulièrement frappé par cette « anarchie intellectuelle » qui régnait en France au début du XIXe siècle, le chef du positivisme s'est proposé de réorganiser toutes les institutions sociales, intellectuelles et morales, en vue de mettre une fin à cette anarchie. Mais il avait vite compris qu'avant tout, il fallait établir « une parfaite cohérence mentale » qui, seule, à ses yeux, était capable d'influer sur les mœurs, et conséquemment, sur les institutions. Pour obtenir cette cohérence, il était indispensable tout d'abord de hiérarchiser les diverses sciences et d'établir par là l'unité de l'entendement. En entreprenant cette systématisation, A. Comte s'aperçoit qu'il y a une connexion très étroite entre les diverses sciences. Cherchant ensuite l'ordre historique dans lequel elles se sont constituées, il les a rangées de la manière qu'on sait (1), car pour A. Comte « la doctrine de la formation des sciences doit influer sur la conduite de l'éducation ». (LITTRÉ : *A. Comte*, p. 309.)

Ce qu'il y a de curieux dans cette classification de A. Comte ,c'est qu'elle est, sur bien des points, sensiblement analogue à celle de Diderot. Le fondateur du positivisme a répété à satiété ce que le chef des encyclopédistes avait énergiquement demandé, à savoir : la nécessité de s'initier aux sciences en général et aux sciences mathématiques en particulier. Pour l'un, aussi bien que pour l'autre, les sciences mathématiques doivent être le centre de toute culture intellectuelle.

Il est cependant à remarquer qu'il y a une différence caractéristique entre les principes dont tous les deux se sont inspirés pour aboutir au même résultat. Tandis que Diderot veut placer les mathématiques au centre de l'enseignement à cause de leur utilité très générale (2), A. Comte le fait pour une toute autre raison. En effet, si l'initiation mathématique

(1) L'ordre adopté par A. Comte dans sa classification des sciences est le suivant : 1° *Les mathématiques* ; 2° *L'astronomie* ; 3° *La physique* ; 4° *La chimie* ; 5° *La biologie* ; 6° *La physique sociale* (cette dernière comprend tout le reste des matières d'études du Plan de Diderot, les précédentes exceptées).

(2) « L'enchaînement naturel d'une science avec les autres lui désigne une place et la raison d'utilité plus ou moins générale lui en fixe une autre ».

constitue la première phase de l'initiation positive, c'est que les sciences mathématiques sont d'une généralité et d'une simplicité telles qu'elles sont en fait à la base de toutes les autres. Il en est de même pour les autres sciences : pour Diderot, s'il faut enseigner, après les sciences mathématiques, les sciences de la nature, c'est parce que celles-ci sont d'une utilité plus immédiate que celles qui viennent après elles, tandis que pour A. Comte c'est parce que les sciences de la nature sont avec les mathématiques dans une connexion plus étroite que la physique sociale.

Toutefois, quelque différents (1) que soient ces principes de leur classification, il n'est pas douteux que sur ce point, comme sur tant d'autres, l'influence de l'Encyclopédie sur l'œuvre de Comte paraît manifeste.

Avant de terminer cette confrontation des idées de Diderot avec celles de A. Comte, disons encore un mot *du droit qu'a le peuple à l'instruction;* droit qu'ils ont défendu tous les deux avec une ardeur inlassable. On sait jusqu'à quel point Diderot y avait insisté, nous l'avons dit à propos de l'instruction gratuite et rémunérée. Il est curieux de constater la même vivacité chez A. Comte, relativement à l'éducation des prolétaires. Nous savons tout d'abord par sa biographie

(1) Cette différence consiste dans les points de vue auxquels ils se sont placés. Tout en avouant l'insuffisance de son principe d'utilité, comme unique critérium, d'une classification des sciences, Diderot abandonne le point de vue du savant relatif à l'enchaînement naturel des sciences et il continue à observer son principe d'utilité, au moins dans le domaine pratique.

A. Comte, au contraire, se place uniquement au point de vue de la liaison des sciences, tout en mettant en lumière « les immenses services rendus à l'industrie par les théories scientifiques ». Pour l'un « la chose qui va bien dans la spéculation, va mal dans la pratique ». Pour l'autre, au contraire, « ce serait se former des sciences une idée bien imparfaite que de les concevoir seulement comme les bases des arts ». Aussi, Diderot attache une importance très grande au point de vue pratique, tandis que A. Comte ne veut pas qu'on oublie « que les sciences ont avant tout une destination plus directe, plus élevée, celle de satisfaire au besoin fondamental qu'éprouve notre intelligence de connaître les lois des phénomènes ». (Cours I. 51).

qu'il s'est donné souvent corps et âme à des cours d'astronomie populaire qu'il faisait à titre gratuit dans des salles privées; ensuite, il a produit des œuvres populaires (comme, par exemple, son traité d'astronomie populaire, sa circulaire proposant une association libre pour l'instruction du peuple dans l'Occident européen, etc.), en vue d'instruire le peuple. Mais A. Comte a fait dans le même but, d'autres efforts plus dignes encore d'être cités. Il a critiqué violemment, soit dans ses écrits, soit de vive voix, l'indifférence que les classes dirigeantes montraient pour l'éducation du peuple. Toute la troisième partie de son *Discours sur l'ensemble du positivisme*, qui est destiné à montrer *l'efficacité populaire du positivisme* (A. COMTE : *Discours sur l'ensemble du positivisme*, p. 124), nous le prouve à merveille. Avant la rédaction de ce discours, A. Comte avait déjà relevé, dans le Ve volume de son *Cours de Philosophie positive*, « l'anarchie actuelle qui caractérise la honteuse incurie avec laquelle les classes supérieures considèrent habituellement aujourd'hui l'absence totale d'éducation populaire dont la prolongation exagérée menace pourtant d'exercer sur leur sort prochain une effroyable réaction ». (*Cours*, V, 459.) Au moment où A. Comte rédigeait son « Discours », il s'était déjà entièrement donné à la défense de la cause des classes deshéritées. Dans ses discussions en faveur de ces dernières, A. Comte va jusqu'à dire que « le positivisme ne peut obtenir de profondes adhésions collectives qu'au sein des classes qui, étrangères à toute vicieuse instruction de mots ou d'entités, et naturellement animées d'une active sociabilité, constituent désormais les meilleurs appuis du bon sens et de la morale. En un mot, conclut A. Comte, nos prolétaires sont seuls susceptibles de devenir les auxiliaires décisifs des nouveaux philosophes, puisque chaque prolétaire constitue, à beaucoup d'égards, un philosophe spontané ». A. COMTE : *Disc. sur l'ensemble du pos.*, p. 125.) — Il n'est pas douteux que le désir de Diderot de voir le peuple instruit ne soit pas moins ardent que celui de A. Comte (1).

Mais ce n'est pas seulement chez A. Comte que se rencontrent des idées comparables à celles de Diderot. Celles-ci se retrouvent même de nos jours dans nos institutions scolaires. C'est, en effet, à Diderot que revient l'honneur d'avoir réclamé énergiquement, le premier, la mise en vigueur de quelques-uns des principes fondamentaux sur lesquels repose notre pédagogie contemporaine. N'a-t-il pas défendu vivement la *gratuité* et la *laïcité* de l'instruction ? Etant convaincu que les enfants des pauvres sont plus appliqués que ceux des classes aisées, Diderot avait estimé que c'était l'intérêt de la nation d'*obliger* les parents d'une façon stricte à envoyer leurs enfants à l'école. Mais ce sentiment d'obligation absolue est tellement vif chez Diderot qu'il ne se contente pas de la gratuité de l'instruction, il va plus loin encore et il réclame de la société une *instruction rémunérée*, payée en quelque sorte à l'élève pauvre. Dès lors, les enfants doivent être nourris à l'école, aux frais de l'Etat; avec des livres, il faut qu'ils y trouvent du pain. (III, 520.)

Cette instruction *obligatoire*, *gratuite* et *rémunérée* doit être, en outre, essentiellement *laïque*. Diderot, comme du reste, La Chalotais et les autres magistrats du XVIIIe siècle, est animé, sur ce point, par cette grande idée que l'éducation de la jeunesse a un intérêt civil, national. C'est pourquoi il formule les rapports de l'Etat avec l'Eglise dans les deux conceptions suivantes : la subordination des prêtres à la puissance civile; le gouvernement des études exclusivement confié à l'Etat. Si Diderot veut, comme Voltaire, « faire

(1) Nous pourrions relever encore d'importantes analogies sur des points autres que les quatre principaux que nous venons de signaler. Nous pourrions même les illustrer dans un tableau synoptique de textes caractéristiques établissant un parallélisme rigoureux entre Helvétius et Diderot d'une part, Condorcet et A. Comte de l'autre. Mais les indications données suffisent déjà, croyons-nous, pour prouver que les idées pédagogiques de Diderot n'ont pas été stériles après sa mort.

de l'instruction une œuvre de gouvernement », recevant et imprimant partout, comme le voulait Rolland, la souveraine impulsion de l'Etat », c'est que, partisan de la raison d'Etat, il ne conçoit l'instruction publique que comme le privilège exclusif, le monopole de l'Etat. Tout sera décidé, en dernier ressort, par Sa Majesté l'Impératrice, « sans la sanction expresse de laquelle, aucune innovation ne sera faite, ni dans l'ordre des études, ni dans les règlements (1). »

Un second résultat auquel aspirait Diderot et qui est aujourd'hui presque entièrement obtenu, c'est qu'on est de jour en jour enclin à transformer sans cesse la méthode d'enseignement des langues anciennes à l'étude desquelles on assigne une durée de plus en plus courte dans les lycées et collèges. Chose curieuse, c'est l'enseignement des langues vivantes — des branches plus immédiatement utiles à la généralité des élèves, dirait Diderot — qui en tiennent la place.

Un autre trait important encore des conceptions philosophico-pédagogiques de Diderot pour la science moderne de l'éducation, c'est sans doute l'idée qu'il se fait de l'éducabilité de l'enfant. Il a une foi vive, disions-nous, dans l'instruction, et dans son efficacité morale; cette foi, loin d'être comparable à celle d'un Helvétius ou d'un Condorcet, est un sentiment sain et une conception exacte concernant les aptitudes des enfants et les lois psychologiques qui les gouvernent. L'esprit humain, il est vrai, n'est pas, d'après lui, indéfiniment perfectible; mais il n'en est pas moins vrai que « l'homme est un être qu'on modifie ». Si l'éducation ne peut pas « déplacer la stupidité », elle « adoucit au moins les caractères, éclaire sur les devoirs et subtilise les vices ». Ceci n'est pas à ses yeux un résultat négligeable et sur ce

(1) C'est sans doute ce sentiment vif de Diderot relatif à la laïcité de l'instruction qui a amené Caro à forcer la pensée de notre philosophe en le traitant d' « *idolâtre d'Etat* », et M. Compayré, à le considérer comme un « Jacobin anticipé » ou comme « un apôtre fervent de la religion d'Etat ».

point encore il apparaît comme un précurseur éminent de la pensée contemporaine.

Mais le plus grand mérite de Diderot, c'est d'avoir fait de l'éducation une œuvre *sociale* par excellence. Persuadé que l'éducation doit faire « des esclaves d'hommes libres », et « de barbares, des hommes civilisés », Diderot veut éduquer la jeunesse *pour* la société et *par* la société. En effet, nous savons qu'il a assigné le bonheur de la société comme but final de l'œuvre de l'éducation tout entière; qu'il a identifié l'intérêt étroit de l'individu avec l'intérêt large du grand *Individu* qu'est la collectivité. Sur ce point, nous croyons avoir démontré la justesse de cette opinion de bien des auteurs : « La vertu est, en dernière analyse, pour les encyclopédistes, et surtout pour Diderot, l'accord de l'intérêt particulier avec l'intérêt général. » (Ducros : *Les Encycl.*, p. 200; P. de Jullevile, t. VI, p. 287.) Nous comprenons maintenant mieux pourquoi Diderot a attaché en tout et partout une très grande imporance à son principe favori de « l'utilité générale. C'est que « c'est toujours, comme le dit M. Claparède, à l'intérêt qu'on en revient, quelle que soit la façon dont on retourne le problème de l'éducation ». (*Psychologie de l'enfant et pédagogie expérimentale.*) Et cet intérêt est tellement large et tellement noble chez Diderot qu'il peut facilement s'identifier avec la vertu.

En outre, la jeunesse doit être éduquée non seulement *pour* la société, mais encore *par* la société qui doit, au cas échéant, en apprécier les mérites, ainsi que les progrès de l'œuvre de l'éducation. C'est ce but que poursuivait Diderot en établissant tout un ensemble de relations (1) entre l'école et le public. Toutes les occasions qu'il s'efforce de susciter pour rendre ces relations étroites, montrent déjà que, dans l'esprit de Diderot, l'éducation est chose sociale et que, avant

(1) Il s'agit de tous ces examens et exercices publics, et fêtes scolaires qu'a institués Diderot et auxquels doivent être invités « tous les citoyens à assister ». (Voir le IIe p. du ch. IV, de la IIIe partie de ce travail).

tout autre maître, c'est la société qui est l'éducatrice par excellence de la jeunesse. C'est à elle qu'il appartient de donner aux jeunes gens l'idée de l'ensemble, cette idée féconde qu' « *il n'y a qu'un seul individu, c'est le Tout* ».

On comprend maintenant mieux ce mot de Rosenkranz : « Les tendances de Diderot appartiennent à notre époque. » (Cité par E. Unger : Opusc. mentionné.) Ce n'est pas uniquement pour son temps qu'il a écrit. Il y a en lui un large souffle d'humanité qui l'élèvera de son siècle. Il n'est pas seulement le pédagogue de ses contemporains, mais encore et surtout un éducateur de la race humaine. Ne s'est-il pas posé en précepteur de l'humanité par cette œuvre colossale qu'est l'Encyclopédie, dans laquelle il se proposait expressément « de changer la commune manière de penser et de sentir des hommes ? »

Vu et admis à soutenance, le 30 avril 1913 :

Le Doyen de la Faculté des Lettres de l'Université de Paris,

A. Croiset.

Vu et permis d'imprimer :

Le Vice-Recteur de l'Académie de Paris,

L. Liard.

TABLE DES MATIÈRES

Imp. M. Bousrez, Poitiers.

Documents manquants (pages, cahiers...)

NF Z 43-120-13

www.ingramcontent.com/pod-product-compliance
Ingram Content Group UK Ltd.
Pitfield, Milton Keynes, MK11 3LW, UK
UKHW020331230726
13925UKWH00002B/735